LE SEIGNEUR JÉSUS

CONGRÉGATION POUR LA DOCTRINE DE LA FOI

LE SEIGNEUR JÉSUS

Déclaration « Dominus Iesus » sur l'unicité et l'universalité salvifique de Jésus-Christ et de l'Église

Avant-propos de
MGR BERNARD LAGOUTTE

Introduction par le
CARDINAL PIERRE EYT

Documents d'Église

BAYARD ÉDITIONS/CENTURION – FLEURUS-MAME
LES ÉDITIONS DU CERF
PARIS
2000

ISBN 2-227-91150-6 (Centurion – 3, rue Bayard – 75393 Paris Cedex 08)
ISBN 2-7289-0977-6 (Fleurus-Mame – 15-27, rue Moussorgski – 75018 Paris)
ISBN 2-204-06611-7 (Cerf – 29, boulevard La Tour-Maubourg
75340 Paris Cedex 07)
ISSN 0983-9062

AVANT-PROPOS

La Collection « Documents d'Église » publie la déclaration *« Dominus Iesus » sur l'unicité et l'universalité salvifique de Jésus-Christ et de l'Église*, signée par le cardinal Ratzinger, préfet de la Congrégation pour la doctrine de la foi et Mgr Bertone, secrétaire.

Le cardinal Eyt, président de la Commission doctrinale, a accepté de faire une présentation de ce document et de son actualité.

Dans ce domaine essentiel de la christologie, de l'ecclésiologie et de la pastorale missionnaire, nous sommes invités à poursuivre la réflexion sur les principales vérités de la foi catholique et à continuer la recherche sur un certain nombre de points qui restent ouverts à la discussion théologique.

MONSEIGNEUR BERNARD LAGOUTTE,
Secrétaire général
de la Conférence des évêques de France.

INTRODUCTION

I

Il s'agit d'une « déclaration », par conséquent d'un document qui intervient dans la recherche théologique en rappelant avec autorité des éléments essentiels de la doctrine catholique (n° 3). Le présent exposé reprend donc fréquemment (cent deux notes en référence) l'enseignement déjà exposé du Magistère, essentiellement le concile œcuménique Vatican II, l'enseignement du pape Jean-Paul II et plus particulièrement l'encyclique *Redemptoris missio.*

Il est à noter que cette déclaration émane de la Congrégation pour la doctrine de la foi qui s'est prononcée en ces matières en session plénière. Toutefois, le pape a approuvé le document « avec science certaine et son autorité apostolique » ; il l'a confirmé et en a ordonné la publication le 6 août 2000.

La déclaration *Dominus Iesus* porte sur l'unicité et l'universalité salvifique de Jésus-Christ et de l'Église. Le texte vise à montrer qu'il est essentiel pour la foi chrétienne de « tenir ensemble ces deux vérités, à savoir la possibilité réelle du salut dans le Christ pour tous les hommes et la nécessité de l'Église pour le salut » (n° 20).

La déclaration met en relief la modalité de transmission aux non-chrétiens de la grâce salvifique de Dieu toujours donnée par le Christ en l'Esprit et dans un rapport mystérieux avec l'Église. Le concile Vatican II s'étant contenté d'affirmer que Dieu donne cette grâce « par des voies connues de lui » (*Gaudium et spes*, n° 22), la théologie cherche à approfondir cette idée. Le travail théologique doit être encouragé (n° 21). Le document souhaite que la théologie d'aujourd'hui, lorsqu'elle médite sur la présence d'autres expériences religieuses et sur leur signification dans le plan salvifique de Dieu, soit invitée à examiner les aspects et les éléments positifs des religions (autres que la religion chrétienne) : ces aspects et ces éléments entrent-ils dans le plan divin de salut ? Comment la recherche théologique trouve dans cette réflexion un vaste champ de travail sous la direction du Magistère de l'Église (n° 14), la déclaration vise à l'indiquer avec le maximum de clarté.

La présente déclaration entend examiner la pratique et la théorisation du dialogue entre la foi chrétienne et les autres traditions religieuses car de nouvelles questions viennent au jour. Il faut les affronter en parcourant de nouvelles pistes d'investigation, en avançant des propositions et en suggérant des comportements, qui doivent être soumis à un discernement attentif. Le document intervient dans cette recherche. Il vise aussi à rappeler certains contenus doctrinaux essentiels qui puissent aider la réflexion théologique à découvrir peu à peu des solutions conformes aux données de la foi et aptes à répondre aux défis de la culture contemporaine (n° 3). Toutefois, le domaine abordé par la déclaration, s'il appelle que soit stimulée l'ouverture à d'ultérieurs approfondissements, exige aussi que soient réfutées plusieurs données erronées ou ambiguës (n° 3).

Il est incontestable pour la doctrine de l'Église que les différentes traditions religieuses présentes dans le monde contiennent et proposent des éléments de religiosité qui procèdent de Dieu. De tels éléments font partie de ce que l'Esprit accomplit dans le cœur des hommes comme dans l'histoire des peuples et leurs cultures. La déclaration cite certaines prières, certains rites des autres religions pouvant assumer un rôle de préparation évangélique (n° 21).

En suivant l'enseignement du concile œcuménique Vatican II et tout particulièrement du décret *Ad gentes* et de la déclaration *Nostra aetate*, notre document considère de manière ouverte et positive les valeurs dont témoignent les diverses traditions religieuses, valeurs qu'elles offrent à l'humanité pour le profit spirituel de celle-ci. De cette façon, la mission de l'Église *ad gentes* emprunte aujourd'hui la voie du dialogue interreligieux. Ce dialogue qui fait partie de la mission évangélisatrice de l'Église comporte une attitude de compréhension et un rapport de connaissance réciproque et d'enrichissement mutuel, dans l'obéissance à la vérité et le respect de la liberté (n° 2).

II

L'intervention de la Congrégation pour la doctrine de la foi trouve sa raison dans la mise en péril aujourd'hui de la pérennité de l'annonce missionnaire de l'Église. Se diffusent en effet des théories relativistes qui entendent justifier le pluralisme religieux, non seulement comme un fait mais aussi comme un droit. Viennent alors en discussion, voire sont considérées comme dépassées, quelques-unes des données fondamentales de la foi chrétienne. La déclaration entend relever ces mises en question (n° 4).

Parmi les données essentielles de la foi chrétienne discutées au fond, relevons le caractère complet et définitif de la révélation de Jésus-Christ. Une thèse est présentée selon laquelle la révélation de Jésus-Christ serait au contraire limitée, incomplète, imparfaite et qu'elle trouverait son complément dans la révélation présente dans les autres religions, ou encore que les autres religions trouveraient dans la révélation du Christ une forme de complémentarité réciproque mais partielle. Ainsi, aucune religion historique, et donc le christianisme non plus, ne pourrait saisir ni manifester dans sa totalité la vérité sur Dieu (n° 6).

La Congrégation fait valoir contre cette assertion assez répandue que les paroles, les actes et l'existence de Jésus sont limités en tant que réalités humaines, mais qu'aux yeux de la foi chrétienne, Jésus est témoin et acteur de la révélation dans son caractère complet et définitif parce qu'il est le Verbe de Dieu incarné. La profondeur du mystère divin demeure transcendante et inépuisable, mais la vérité sur Dieu n'est pas pour autant abolie ou réduite quand elle est exprimée dans un langage humain (n° 6).

Dans un même esprit, on ne peut non plus comparer la *foi* théologale attestée dans le christianisme et la *croyance* telle qu'elle se manifeste dans les autres religions. Aujourd'hui, cette distinction n'est pas toujours présente dans la recherche théologique. Il y a une tendance à réduire, voire à annuler, de ce point de vue, les différences entre le christianisme et les autres religions. Or la foi qui est accueil, dans la grâce, de la vérité révélée, se distingue fondamentalement de la croyance suscitée dans les autres religions. Cela n'exclut pas pourtant que nous nous trouvons, avec ces formes de croyance des autres religions, en présence d'un ensemble d'expériences et de réflexions positives, incontestables trésors humains de sagesse et de spiritualité, effort et désir vécus par l'homme pour ses relations avec le Divin et l'Absolu (n° 7).

Il n'est pas rare non plus qu'on avance l'hypothèse de l'*inspiration* des textes sacrés d'autres religions. Ces textes sont bien sûr, de fait, des instruments adaptés permettant à des personnes d'exprimer et d'approfondir leur rapport religieux avec Dieu. Le concile Vatican II a mis en valeur le « rayon de la vérité » dont bénéficient de tels textes. On peut donc considérer que les livres sacrés des autres religions reçoivent du mystère du Christ des éléments de vérité et de grâce. Les personnes peuvent en bénéficier individuellement, mais aussi des peuples entiers qui inscrivent leur histoire dans une tradition séculaire. Cependant on ne peut étendre à de tels documents la qualification de textes inspirés par l'Esprit Saint. Seuls les livres canoniques du Nouveau et de l'Ancien Testament bénéficient de l'*inspiration* divine (voir concile de Trente et concile Vatican II) [n° 8].

III

Y a-t-il une ou deux « économies » du Logos ou Verbe de Dieu ? Une part de la réflexion théologique d'aujourd'hui se plaît à souligner la figure particulière, finie, certes révélatrice du Divin, mais sans exclusive, de Jésus. Jésus de Nazareth est en conséquence présenté comme complément d'autres présences qui, elles aussi, s'attestent à leur façon comme révélatrices et salvifiques (Bouddha, Mohammed...). Jésus de Nazareth est donc, parmi d'autres, l'une des figures par lesquelles se manifestent l'Infini, l'Absolu, le mystère de Dieu. Autrement dit, le Logos a choisi de s'exprimer en Jésus ; mais au cours du temps, il l'a fait aussi grâce à d'autres multiples visages. Ainsi se profilent simultanément une économie du Verbe éternel se déployant à distance du Christ, sans rapport avec l'Église, et par conséquent en dehors d'elle, et une économie, historiquement, géographiquement et culturellement plus resserrée, l'économie du Verbe incarné. L'économie du Verbe éternel jouirait d'un plus *(vis potior)* d'universalité (n° 9).

En présence d'une telle séparation entre l'action salvifique du Logos et l'action du Verbe fait chair, nous voyons l'essentiel de la foi chrétienne s'effondrer (voir Prologue du quatrième évangile). Ce qui n'empêche pas certains théologiens de soutenir l'hypothèse d'un Logos qui, dans sa divinité, exercerait son action « plus loin, au-delà de l'humanité du Christ, même après l'incarnation » (n° 10).

Ce type de sensibilité théologique conduit encore à imaginer une économie de l'Esprit « plus » universelle que celle du Verbe incarné crucifié et ressuscité (n° 12). Une sorte de « vide » se manifesterait alors entre le Christ Jésus et le Logos. Certes, l'action salvifique de Dieu s'exerce infiniment au-delà des limites de la connaissance explicite du Christ et de l'Évangile. On ne peut pourtant en conclure que l'Esprit comblerait ainsi une absence et, d'une certaine façon, se substituerait au Christ ou agirait sans relation avec lui (n'arrive-t-il pas que l'on comprenne mal la pensée évangélique selon laquelle « le vent souffle où il veut » ?...) [Jn 3, 8]. Dans un tel contexte, que signifie la « seigneurie » du Christ Jésus ?

Le Magistère de l'Église rappelle avec force, notamment dans l'encyclique *Redemptoris missio*, qu'on ne peut séparer l'un de l'autre, l'Esprit et le Christ. En effet, l'Esprit, qui est l'Esprit du Christ, contribue à la « préparation de l'Évangile » en répandant les « semences du Verbe » présentes et actives dans les rites et les cultures et prêtes à mûrir dans le Christ (n° 12).

La recherche contemporaine discute fréquemment l'emploi en théologie de termes comme « unique », « unicité », « universel », « universalité », « absolu », « complet », « définitif », « décisif », etc. L'emploi de ces termes valoriserait excessivement aux yeux des autres religions et vis-à-vis d'elles le sens et la valeur de l'événement Jésus-Christ. À l'inverse, la déclaration souligne que de tels termes proviennent des sources mêmes de la foi, même si un certain développement a été nécessaire pour que soit donnée à ces mots la portée que leur reconnaissent, après l'époque apostolique, les premières générations chrétiennes.

Tout cela conduit à souligner la fonction unique et singulière pour le genre humain de Jésus-Christ : fonction qui est propre à celui-ci, fonction qui en fait un être personnel, universel et absolu (n° 15).

IV

La déclaration associe d'une manière organique quelques réflexions d'ecclésiologie à ce qui a déjà été souligné pour le Christ et l'Esprit Saint. Ces réflexions portent essentiellement sur l'unicité de l'Église et, par voie de conséquence, sur son unité. La déclaration relève, comme la Congrégation l'avait fait dans un texte antérieur, que l'Église du Christ « subsiste » dans l'Église catholique, gouvernée par le Successeur de Pierre et les évêques en communion avec lui. Bien sûr, il est tenu compte de l'existence des Églises orthodoxes qui ont la succession apostolique et l'eucharistie valide, et des communautés ecclésiales dans lesquelles est reconnu le baptême au nom du Christ.

Toutefois, il n'est pas possible pour un catholique cohérent avec sa foi de se représenter l'Église du Christ comme un ensemble plus ou moins homogène d'Églises et de communautés ecclésiales diverses. Il n'est pas cohérent non plus de penser que l'unique Église du Christ n'existe plus nulle part aujourd'hui sinon comme une fin ou un but à rechercher ensemble par toutes les Églises et les communautés ecclésiales (n° 17).

Ce qui est en jeu dans ces perspectives œcuméniques hasardeuses, c'est la reconnaissance de la continuité historique fondée sur la succession apostolique entre l'Église instituée par le Christ et l'Église catholique (*Lumen gentium,* n° 8). À cet égard, la déclaration reprend l'analyse donnée à l'expression conciliaire *subsistit in* tant par le pape Jean-Paul II (encyclique *Ut unum sint*) que par la Congrégation pour la doctrine de la foi, *Notification à propos du livre « Église : charisme et pouvoir » de Leonardo Boff* (n° 16).

V

La constitution conciliaire *Lumen gentium* a bien montré que l'Église, « sacrement », ne peut être elle-même sa propre fin. Sa mission, précise la déclaration, est d'annoncer « le Royaume du Christ et de Dieu et de l'instaurer dans toutes les nations, formant de ce Royaume le germe et le commencement sur la terre ». Signe et instrument du Royaume, par conséquent distincte du Christ et de ce même Royaume, l'Église ne peut en être séparée. Elle est au contraire indissolublement unie au Christ et au Royaume (n° 18). Cette caractéristique double de « distinction sans séparation », familière de la christologie de Chalcédoine, exige qu'on évite les formulations unilatérales. On doit être toujours plus attentifs à l'action du Christ et de l'Esprit Saint hors des limites de l'Église, on ne doit pas pour autant nier la relation du Christ et de l'Église avec le Royaume de Dieu.

Des essais théologiques n'évitent pas de prendre pour point de départ la séparation entre le Royaume et l'Église. Cette prémisse favorise un « théocentrisme » universaliste et indifférencié sous-estimant le Christ et l'Église ainsi que le lien qui les unit. Dans de telles constructions spéculatives, « théocentrisme » veut dire dévalorisation de l'être et de la mission du Christ ainsi que dévalorisation de l'Église. Pour ces théologiens gagnés par ces choix fondamentaux, « le Christ ne pourrait pas être compris par ceux qui n'ont pas la foi chrétienne, alors que les peuples, les cultures et les diverses religions peuvent se rencontrer autour de l'unique réalité divine, quel que soit son nom. Dans une telle perspective, l'Église ne peut qu'être réduite à un signe ambigu » (n° 19).

Au contraire, sacrement universel de salut et d'unité dans le Christ, l'Église a, dans le dessein de Dieu, un lien irremplaçable avec tout homme et le salut de tout homme (*Lumen gentium,* n° 1). L'Église n'est donc pas *un chemin de salut parmi d'autres*. Les autres religions ne sont ni complémentaires ni équivalentes, bien que convergeant avec l'Église vers le Royaume eschatologique de Dieu (n° 21).

L'avènement de Jésus-Christ Sauveur et la fondation de l'Église ont rapport au salut de *toute* l'humanité. La considération respectueuse et sincère pour les religions du monde ne peut donc se confondre avec la mentalité indifférentiste qui peut porter à penser que « toutes les religions se valent ». Comme l'avait déjà souligné l'encyclique *Redemptoris missio*, le précepte missionnaire demeure donc avec son extrême urgence. « Dieu veut que tous les hommes soient sauvés et parviennent à la connaissance de la vérité » (1 Tm 2, 4). Le salut se trouve *dans la vérité*. La déclaration qui met aussi en relief l'importance et l'actualité du dialogue interreligieux remarque que ce dialogue n'est qu'une des actions de l'Église dans sa mission *ad gentes*. Il est noté à cet égard que si la *parité* est la condition du dialogue, elle ne saurait signifier égalité des doctrines ou égalité entre Jésus-Christ et les fondateurs des autres religions. La parité s'entend ici de l'égale dignité des personnes en dialogue (n° 22).

La pratique croissante du dialogue interreligieux occasionne une recherche théologique et philosophique qui se révèle chaque jour plus foisonnante. De nombreux groupes, des institutions diverses se sont créés, sans que le Magistère ait été toujours bien informé sur ce qui s'y exprimait. Des chemins nouveaux sont apparus dont il n'est pas question de nier la grande portée spirituelle mais des instruments proportionnés d'attention, de soutien et de vigilance n'ont pas toujours été à notre disposition. Des textes comme *Redemptoris missio* (1990) et *Dialogue et annonce* (1991) n'ont pas été suffisamment étudiés dans leur statut respectif et leur complémentarité. Les lecteurs de la présente déclaration doivent s'attacher à l'importance majeure de *Redemptoris missio*.

Dans un tel contexte qui est bien présent dans notre pays, des questions très nombreuses sont parvenues à la Congrégation et la vaste expérience récente des synodes continentaux a relayé l'interrogation. Il était donc urgent d'aider les évêques, les prêtres, les théologiens, tous les membres du peuple de Dieu à exercer leur discernement. La déclaration entend que certains problèmes fondamentaux restent *ouverts* à d'ultérieurs approfondissements, mais qu'il revient aussi à la mission du Saint-Siège de signaler et de *réfuter* quelques opinions erronées ou ambiguës (n° 3).

Il est possible que la réception de ce document suscite un épisode délicat pour le Magistère. La présente déclaration devra être rapprochée des autres grands actes de l'enseignement du pape Jean-Paul II et du deuxième concile du Vatican. Je signale en particulier que la constitution *Dei Verbum* livre un message d'explicitation sur le Christ Jésus, message qui n'a pas été peut-être suffisamment étudié jusqu'ici. Or ce texte met lumineusement en relief la singularité absolue de la vie, du salut et de l'enseignement selon le Christ Jésus.

En définitive, ce sont ces points de *l'unicité du Christ*, de *l'unicité de l'Église* qui constituent le fond de l'attestation de foi portée par la déclaration. À partir de l'unicité de Dieu, du Christ, de l'Église rayonne *l'universalité* de l'Amour, de la foi et du salut.

CARDINAL PIERRE EYT.

DÉCLARATION *DOMINUS IESUS*

sur l'unicité et l'universalité salvifique de Jésus-Christ et de l'Église

INTRODUCTION

1. *Le Seigneur Jésus,* avant de monter aux cieux, a transmis à ses disciples le commandement d'annoncer l'Évangile au monde entier et de baptiser toutes les nations: « Allez dans le monde entier, proclamez l'Évangile à toute la création. Celui qui croira et sera baptisé, sera sauvé; celui qui ne croira pas, sera condamné » (*Mc* 16,15-16); « Tout pouvoir m'a été donné au ciel et sur la terre. Allez donc, de toutes les nations faites des disciples, les baptisant au nom du Père et du Fils et du Saint-Esprit, et leur apprenant à observer tout ce que je vous ai prescrit. Et voici que je suis avec vous pour toujours jusqu'à la fin de l'âge » (*Mt* 28,18-20; voir aussi *Lc* 24,46-48; *Jn* 17,18; 20,21; *Ac* 1,8).

La mission universelle de l'Église naît du commandement de Jésus-Christ et se réalise au long des siècles par la proclamation du mystère de Dieu, Père, Fils et Saint-Esprit, et du mystère de l'incarnation du Fils, comme événement salvifique pour toute l'humanité. Tels sont les contenus fondamentaux de la profession de foi chrétienne: « Je crois en un seul Dieu, le Père Tout-Puissant, Créateur du ciel et de la terre, de l'univers visible et invisible. Je crois en un seul Seigneur, Jésus-Christ le Fils unique de Dieu, né du Père avant tous les siècles: Il est Dieu, né de Dieu, Lumière, né de la Lumière, vrai Dieu, né du vrai Dieu, engendré, non pas créé, de même nature que le Père, et par Lui tout a été fait. Pour nous les hommes, et pour notre salut, Il descendit du ciel; par l'Esprit Saint, Il a pris chair de la Vierge Marie, et S'est fait homme. Crucifié pour nous sous Ponce Pilate, Il souffrit sa passion et fut mis au tombeau. Il ressuscita le troisième jour, conformément aux Écritures, et Il monta au ciel; Il est assis à la droite du Père. Il reviendra dans la gloire, pour juger les vivants et les morts; et son Règne n'aura pas de fin. Je crois en l'Esprit Saint, qui est Seigneur et qui donne la vie. Il procède du Père et du Fils; avec le Père et le Fils, Il reçoit même adoration et même gloire; Il a parlé par les prophètes. Je crois en l'Église, une, sainte, catholique et apostolique. Je reconnais un seul baptême pour le pardon des péchés. J'attends la résurrection des morts, et la vie du monde à venir ».[1]

2. L'Église, au long des siècles, a proclamé l'Évangile de Jésus et lui a rendu fidèlement témoignage. Cependant, au terme du second millénaire, cette mission est encore loin d'être accomplie.[2] Par conséquent, l'exclamation de l'apôtre Paul sur la tâche missionnaire de tous les baptisés est plus que jamais d'actualité: « Annoncer l'Évangile en effet n'est pas pour moi un titre de gloire; c'est une nécessité qui m'incombe. Oui, malheur à moi si je n'annonçais pas l'Évangile! » (*1 Co* 9,16). D'où l'attention particulière du Magistère à encourager et à soutenir la mission évangélisatrice de l'Église, vis-à-vis surtout des traditions religieuses du monde.[3]

Considérant de manière ouverte et positive les valeurs dont témoignent ces traditions et qu'elles offrent à l'humanité, la Déclaration conciliaire sur les relations de l'Église avec les religions non chrétiennes affirme: « L'Église catholique ne rejette rien de ce qui est vrai et saint dans ces religions. Elle considère avec un respect sincère ces manières d'agir et de vivre, ces règles et ces doctrines qui, quoiqu'elles diffèrent en beaucoup de points de ce qu'elle-même tient et propose, cependant apportent souvent un rayon de la vérité qui illumine tous les hommes ».[4] Continuant dans la même direction, la tâche ecclésiale d'annoncer Jésus-Christ, « chemin, vérité et vie » (cf. *Jn* 14,6) emprunte aujourd'hui encore la voie du dialogue interreligieux qui ne remplace certainement pas la *missio ad gentes* mais l'accompagne plutôt, à cause de ce « mystère d'unité » dont « découle que tous ceux et celles qui sont sauvés participent, bien que différemment, au même mystère de salut en Jésus-Christ

[1] CONC. ŒCUM. DE CONSTANTINOPLE I, *Symbolum Constantinopolitanum:* DS 150; cf. *Cathéchisme de l'Église Catholique*, 50.

[2] Cf. JEAN-PAUL II, Encycl. *Redemptoris missio*, n. 1: *AAS* 83 (1991) 249-340.

[3] Cf. CONC. ŒCUM. VAT. II, Décr. *Ad gentes* et Décl. *Nostra aetate;* cf. aussi PAUL VI, Exhort. ap. *Evangelii nuntiandi*: *AAS* 68 (1976) 5-76; JEAN-PAUL II, Encycl. *Redemptoris missio*.

[4] CONC. ŒCUM. VAT. II, Décl. *Nostra aetate*, n. 2.

par son Esprit ».[5] Ce dialogue, qui fait partie de la mission évangélisatrice de l'Église,[6] comporte une attitude de compréhension et un rapport de connaissance réciproque et d'enrichissement mutuel, dans l'obéissance à la vérité et le respect de la liberté.[7]

3. De la pratique et de la théorisation du dialogue entre la foi chrétienne et les autres traditions religieuses, naissent de nouvelles questions; il faut les affronter en parcourant de nouvelles pistes d'investigation, en avançant des propositions et en suggérant des comportements, qui doivent être soumis à un discernement attentif. La présente Déclaration intervient dans cette recherche pour rappeler aux Évêques, aux théologiens et à tous les fidèles catholiques certains contenus doctrinaux essentiels, qui puissent aider la réflexion théologique à découvrir peu à peu des solutions conformes aux données de la foi et aptes à répondre aux défis de la culture contemporaine.

Cette Déclaration est un exposé en raison de sa finalité. On n'entend pas y traiter organiquement la problématique de l'unicité et de l'universalité salvifique du mystère de Jésus-Christ et de l'Église, ni offrir des solutions à des questions théologiques librement disputées. On veut plutôt exposer une nouvelle fois la doctrine de la foi catholique sur ce point, en indiquant en même temps certains problèmes fondamentaux qui restent ouverts à d'ultérieurs approfondissements, et réfuter quelques opinions erronées ou ambiguës. Ainsi la Déclaration reprend la doctrine enseignée dans de précédents documents du Magistère, pour proclamer à nouveau des vérités qui appartiennent au patrimoine de foi de l'Église.

4. La pérennité de l'annonce missionnaire de l'Église est aujourd'hui mise en péril par des théories relativistes, qui entendent justifier le pluralisme religieux, non seulement *de facto* mais aussi *de iure* (ou *en tant que principe*). Elles retiennent alors comme dépassées des vérités comme par

[5] CONSEIL PONTIFICAL POUR LE DIALOGUE INTERRELIGIEUX et CONGRÉGATION POUR L'ÉVANGÉLISATION DES PEUPLES, Instr. *Dialogue et annonce*, n. 29: *AAS* 84 (1992) 414-446; cf. CONC. ŒCUM. VAT. II, Const. past. *Gaudium et spes*, n. 22.

[6] Cf. JEAN-PAUL II, Encycl. *Redemptoris missio*, n. 55.

[7] Cf. CONSEIL PONTIFICAL POUR LE DIALOGUE INTERRELIGIEUX et CONGRÉGATION POUR L'ÉVANGÉLISATION DES PEUPLES, Instr. *Dialogue et annonce*, n. 9.

exemple le caractère définitif et complet de la révélation de Jésus-Christ, la nature de la foi chrétienne vis-à-vis des autres religions, l'inspiration des livres de la Sainte Écriture, l'unité personnelle entre le Verbe éternel et Jésus de Nazareth, l'unité de l'économie du Verbe incarné et du Saint-Esprit, l'unicité et l'universalité salvifique du mystère de Jésus-Christ, la médiation salvifique universelle de l'Église, la non-séparation, quoique dans la distinction, entre le Royaume de Dieu, le Royaume du Christ et l'Église, la subsistance de l'unique Église du Christ dans l'Église catholique.

Ces théories s'appuient sur certains présupposés de nature philosophique ou théologique qui rendent difficiles la compréhension et l'accueil de la vérité révélée. On en signalera quelques-uns: la conviction que la vérité sur Dieu est insaisissable et ineffable, même par la révélation chrétienne; l'attitude relativiste vis-à-vis de la vérité, entraînant que ce qui est vrai pour certains ne le serait pas pour d'autres; l'opposition radicale qu'on établit entre la mentalité logique occidentale et la mentalité symbolique orientale; le subjectivisme de qui, tenant la raison comme seule source de connaissance, devient « incapable d'élever son regard vers le haut pour oser atteindre la vérité de l'être »; [8] la difficulté à percevoir et comprendre dans l'histoire la présence d'événements définitifs et eschatologiques; la privation de sa dimension métaphysique de l'incarnation historique du Logos éternel et sa réduction à une simple apparition de Dieu dans l'histoire; l'éclectisme qui, dans la recherche théologique, prend des idées dans différents contextes philosophiques et religieux, sans se soucier ni de leur cohérence systématique ni de leur compatibilité avec la vérité chrétienne; la tendance finalement à lire et à interpréter la Sainte Écriture en dehors de la Tradition et du Magistère de l'Église.

Sur la base de ces présupposés adoptés sans uniformité, comme des affirmations pour certains, comme des hypothèses pour d'autres, des propositions théologiques sont élaborées qui font perdre leur caractère de vérité absolue et d'universalité salvifique à la révélation chrétienne et au mystère de Jésus-Christ et de l'Église, ou y jettent au moins une ombre de doute et d'incertitude.

[8] JEAN-PAUL II, Encycl. *Fides et ratio*, n. 5: *AAS* 91 (1999) 5-88.

I. LA RÉVÉLATION DE JÉSUS-CHRIST COMPLÈTE ET DÉFINITIVE

5. Pour remédier à cette mentalité relativiste toujours plus répandue, il faut réaffirmer avant tout que la révélation de Jésus-Christ est définitive et complète. On doit en effet *croire fermement* que la révélation de la plénitude de la vérité divine est réalisée dans le mystère de Jésus-Christ, Fils de Dieu incarné, qui est « le chemin, la vérité et la vie » (*Jn* 14,6): « Nul ne connaît le Fils si ce n'est le Père, et nul ne connaît le Père si ce n'est le Fils, et celui à qui le Fils veut bien le révéler » (*Mt* 11,27); « Nul n'a jamais vu Dieu; le Fils Unique-Engendré, qui est dans le sein du Père, lui, l'a fait connaître » (*Jn* 1,18); « En lui habite corporellement toute la plénitude de la divinité, et vous vous trouvez en lui associés à sa plénitude » (*Col* 2,9-10).

Fidèle à la parole de Dieu, le Concile Vatican II enseigne: « La profonde vérité que cette révélation manifeste, sur Dieu et sur le salut de l'homme, resplendit pour nous dans le Christ, qui est à la fois le médiateur et la plénitude de toute la révélation ».[9] Et il précise: « Jésus-Christ donc, le Verbe fait chair, "homme envoyé aux hommes", "prononce les paroles de Dieu" (*Jn* 3,34) et achève l'œuvre de salut que le Père lui a donné à faire (cf. *Jn* 5,36; 17,4). C'est donc lui — le voir, c'est voir le Père (cf. *Jn* 14,9) — qui, par toute sa présence et par la manifestation qu'il fait de lui-même par paroles et œuvres, par signes et miracles, et plus particulièrement par sa mort et par sa résurrection glorieuse d'entre les morts, par l'envoi enfin de l'Esprit de vérité, achève en la complétant la révélation, et la confirme encore en l'attestant divine-

[9] CONC. ŒCUM. VAT. II, Const. dogm. *Dei verbum*, n. 2.

ment [...]. L'économie chrétienne, étant l'Alliance Nouvelle et définitive, ne passera donc jamais et aucune nouvelle révélation publique n'est dès lors à attendre avant la manifestation glorieuse de notre Seigneur Jésus-Christ (cf. *1 Tm* 6,14 et *Tt* 2,13) ».[10]

Aussi l'encyclique *Redemptoris missio* rappelle à l'Église la tâche de proclamer l'Évangile comme plénitude de la vérité: « Dans cette Parole définitive de sa révélation, Dieu s'est fait connaître en plénitude: il a dit à l'humanité qui il est. Et cette révélation définitive que Dieu fait de lui-même est la raison fondamentale pour laquelle l'Église est missionnaire par sa nature. Elle ne peut pas ne pas proclamer l'Évangile, c'est-à-dire la plénitude de la vérité que Dieu nous a fait connaître sur lui-même ».[11] Seule la révélation de Jésus-Christ « fait donc entrer dans notre histoire une vérité universelle et ultime, qui incite l'esprit de l'homme à ne jamais s'arrêter ».[12]

6. Est donc contraire à la foi de l'Église la thèse qui soutient le caractère limité, incomplet et imparfait de la révélation de Jésus-Christ, qui compléterait la révélation présente dans les autres religions. La cause fondamentale de cette assertion est la persuasion que la vérité sur Dieu ne pourrait être ni saisie ni manifestée dans sa totalité et dans sa complétude par aucune religion historique, par le christianisme non plus par conséquent, et ni même par Jésus-Christ.

Cette position contredit radicalement les précédentes affirmations de foi selon lesquelles la révélation complète et définitive du mystère salvifique de Dieu se réalise en Jésus-Christ. Aussi, les mots, les œuvres et toute l'existence historique de Jésus, quoique limités en tant que réalités humaines, ont cependant comme sujet la Personne divine du Verbe incarné, « vraiment Dieu et vraiment homme »; [13] ils portent donc en eux le caractère complet et définitif de la révélation des voies salvifiques de Dieu, même si la profondeur du mystère divin en lui-même demeure

[10] *Ibid.*, n. 4.

[11] Jean-Paul II, Encycl. *Redemptoris missio*, n. 5.

[12] Jean-Paul II, Encycl. *Fides et ratio*, n. 14.

[13] Conc. Œcum. de Chalcédoine, *Symbolum Chalcedonense*: DH 301. Cf. S. Athanase d'Alexandrie, *De Incarnatione*, 54, 3: *SC* 199, 458.

transcendante et inépuisable. La vérité sur Dieu n'est pas abolie ou réduite quand elle est exprimée dans un langage humain. Elle demeure en revanche unique, complète et définitive car celui qui parle et qui agit est le Fils de Dieu incarné. Dès lors la foi exige qu'on professe que dans tout son mystère, de l'incarnation à la glorification, le Verbe fait chair est la source, participée mais réelle, et l'accomplissement de toute révélation salvifique de Dieu à l'humanité,[14] et que l'Esprit Saint, qui est l'Esprit du Christ, enseigne cette « vérité tout entière » (*Jn* 16,13) aux apôtres et à travers eux à l'Église de tous les temps.

7. La réponse adéquate à la révélation divine est « "*l'obéissance de la foi*" (*Rm* 1,5; cf. *Rm* 16,26; *2 Co* 10,5-6), par laquelle l'homme s'en remet tout entier et librement à Dieu dans un "complet hommage d'intelligence et de volonté à Dieu qui révèle" et dans un assentiment volontaire à la révélation qu'il fait ».[15] La foi est un don de grâce: « Pour exister, cette foi requiert la grâce prévenante et aidante de Dieu, ainsi que les secours intérieurs du Saint-Esprit qui touche le cœur et le tourne vers Dieu, ouvre les yeux de l'esprit et donne "à tous la douceur de consentir et de croire à la vérité" ».[16]

L'obéissance de la foi comporte l'accueil de la vérité de la révélation du Christ, garantie par Dieu qui est la Vérité même: [17] « La foi est d'abord une *adhésion personnelle* de l'homme à Dieu; elle est en même temps, et inséparablement, *l'assentiment libre à toute la vérité que Dieu a révélée* ».[18] La foi par conséquent, « don de Dieu » et « vertu surnaturelle infuse par lui »,[19] comporte une double adhésion: à Dieu qui révèle et à la vérité qu'il révèle, à cause de la confiance accordée à la personne qui affirme. C'est pour cela que « nous ne devons croire en nul autre que Dieu, le Père, le Fils et le Saint-Esprit ».[20]

[14] Cf. CONC. ŒCUM. VAT. II, Const. dogm. *Dei verbum*, n. 4.
[15] *Ibid.*, n. 5.
[16] *Ibid.*
[17] Cf. *Catéchisme de l'Église Catholique*, n. 144.
[18] *Ibid.*, n. 150.
[19] *Ibid.*, n. 153.
[20] *Ibid.*, n. 178.

On doit donc *tenir fermement* la distinction entre la *foi théologale* et la *croyance* dans les autres religions. Alors que la foi est l'accueil dans la grâce de la vérité révélée, qui « permet de pénétrer le mystère, dont elle favorise une compréhension cohérente »,[21] la croyance dans les autres religions est cet ensemble d'expériences et de réflexions, trésors humains de sagesse et de religiosité, que l'homme dans sa recherche de la vérité a pensé et vécu, pour ses relations avec le Divin et l'Absolu.[22]

Cette distinction n'est pas toujours présente dans la réflexion actuelle, ce qui provoque souvent l'identification entre la foi théologale, qui est l'accueil de la vérité révélée par le Dieu Un et Trine, et la croyance dans les autres religions, qui est une expérience religieuse encore à la recherche de la vérité absolue, et encore privée de l'assentiment à Dieu qui se révèle. C'est là l'un des motifs qui tendent à réduire, voire même à annuler, les différences entre le christianisme et les autres religions.

8. On avance aussi l'hypothèse de l'inspiration des textes sacrés d'autres religions. Il faut certes reconnaître que certains éléments de ces textes sont de fait des instruments pour que des multitudes de personnes au cours du temps aient pu, aujourd'hui comme hier, alimenter et conserver leur rapport religieux avec Dieu. Ainsi donc, en considérant les manières de faire, les règles et les doctrines des autres religions, le Concile Vatican II — comme on l'a rappelé *supra* — affirme que: « Quoiqu'elles diffèrent en beaucoup de points de ce qu'elle-même [l'Église] tient et propose, cependant [elles] apportent souvent un rayon de la vérité qui illumine tous les hommes ».[23]

Néanmoins, la tradition de l'Église réserve la qualification de *textes inspirés* aux livres canoniques de l'Ancien et du Nouveau Testament, en

[21] JEAN-PAUL II, Encycl. *Fides et ratio*, n. 13.

[22] Cf. *ibid.*, nn. 31-32.

[23] CONC. ŒCUM. VAT. II, Décl. *Nostra aetate*, n. 2. Cf. aussi CONC. ŒCUM. VAT. II, Décr. *Ad gentes*, n. 9, qui évoque les éléments positifs présents dans « les rites particuliers et les civilisations particulières des peuples »; Const. dogm. *Lumen gentium*, n. 16, qui fait référence à ce qui peut se trouver de bon et de vrai chez les non-chrétiens et qui peut être considéré comme une préparation à l'accueil de l'Évangile.

tant qu'inspirés par le Saint-Esprit.[24] Recueillant cette tradition, la Constitution dogmatique sur la Révélation divine du Concile Vatican II enseigne: « Notre sainte Mère l'Église, de par sa foi apostolique, juge sacrés et canoniques tous les livres tant de l'Ancien que du Nouveau Testament, avec toutes leurs parties, puisque, rédigés sous l'inspiration de l'Esprit-Saint (cf. *Jn* 20,31; *2 Tm* 3,16; *2 Pt* 1,19-21; 3,15-16), ils ont Dieu pour auteur et qu'ils ont été transmis comme tels à l'Église elle-même ».[25] Ces livres « enseignent fermement, fidèlement et sans erreur la vérité que Dieu pour notre salut a voulu voir consignée dans les Lettres Sacrées ».[26]

Cependant, parce qu'il veut appeler à lui tous les peuples en Jésus-Christ et leur communiquer la plénitude de sa révélation et de son amour, Dieu ne manque pas de se rendre présent de manière multiforme « non seulement aux individus mais encore aux peuples, par leurs richesses spirituelles dont les religions sont une expression principale et essentielle, bien qu'elles comportent "des lacunes, des insuffisances et des erreurs" ».[27] Par conséquent, les livres sacrés des autres religions qui de fait nourrissent et dirigent l'existence de leurs adeptes, reçoivent du mystère du Christ les éléments de bonté et de grâce qu'ils contiennent.

[24] Cf. Conc. Œcum. de Trente, Décr. *De libris sacris et de traditionibus recipiendis*: DH 1501; Conc. Œcum. Vat. I, Const. dogm. *Dei Filius*, cap. 2: DH 3006.

[25] Conc. Œcum. Vat. II, Const. dogm. *Dei verbum*, n. 11.

[26] *Ibid.*

[27] Jean-Paul II, Encycl. *Redemptoris missio*, n. 55. Cf. aussi n. 56. Paul VI, Exhort. ap. *Evangelii nuntiandi*, n. 53.

II. LE LOGOS INCARNÉ ET LE SAINT-ESPRIT DANS L'ŒUVRE DU SALUT

9. Dans la réflexion théologique contemporaine, apparaît souvent la conception de Jésus de Nazareth comme une figure historique particulière, finie, révélatrice du divin mais sans exclusive, comme complément d'autres présences révélatrices et salvifiques. L'Infini, l'Absolu, le Mystère ultime de Dieu se manifesterait ainsi à l'humanité sous maintes formes et par maintes figures historiques: Jésus de Nazareth serait l'une d'entre elles. Plus concrètement, il serait pour certains l'un des multiples visages que le Logos aurait pris au cours du temps pour communiquer salvifiquement avec l'humanité.

En outre, pour justifier d'une part l'universalité du salut chrétien et d'autre part le fait du pluralisme religieux, on propose une économie du Verbe éternel, également valide en dehors de l'Église et sans rapport avec elle, et une économie du Verbe incarné. La première aurait une valeur ajoutée d'universalité vis-à-vis de la seconde, limitée aux seuls chrétiens, mais où la présence de Dieu serait plus complète.

10. Ces thèses contrastent vivement avec la foi chrétienne. On doit en effet *croire fermement* la doctrine de foi qui proclame que Jésus de Nazareth, fils de Marie, et seulement lui, est le Fils et le Verbe du Père. Le Verbe, qui « au commencement [...] était auprès de Dieu » (*Jn* 1,2) est celui qui « s'est fait chair » (*Jn* 1,14). En Jésus « le Christ, le Fils du Dieu vivant » (*Mt* 16,16), « habite corporellement toute la plénitude de la divinité » (*Col* 2,9). Il est « le Fils Unique-Engendré, qui est dans le sein du Père » (*Jn* 1,18), son « Fils bien-aimé, en qui nous avons la rédemption [...]. Dieu s'est plu à faire habiter en lui toute la plénitude et par lui à réconcilier tous les êtres pour lui, aussi bien sur la terre que

dans les cieux, en faisant la paix par le sang de sa croix » (*Col* 1,13-14. 19-20).

Fidèle à la Sainte Écriture et refusant les interprétations erronées et réductrices, le premier Concile de Nicée définit solennellement sa foi en « Jésus-Christ le Fils de Dieu engendré du Père, unique engendré, c'est-à-dire de la substance du Père, Dieu de Dieu, lumière de lumière, vrai Dieu de vrai Dieu, engendré non pas créé, consubstantiel au Père, par qui tout a été fait, ce qui est dans le ciel et ce qui est sur la terre, qui à cause de nous les hommes et à cause de notre salut est descendu et s'est incarné, s'est fait homme, a souffert et est ressuscité le troisième jour, est monté aux cieux, viendra juger les vivants et les morts ».[28] Suivant les enseignements des Pères, le Concile de Chalcédoine professa aussi que le « seul et même Fils, notre Seigneur Jésus-Christ, le même parfait en divinité, et le même parfait en humanité, le même vraiment Dieu et vraiment homme [...], consubstantiel au Père selon la divinité et le même consubstantiel à nous selon l'humanité [...], avant les siècles engendré du Père selon la divinité, et aux derniers jours le même [engendré] pour nous et pour notre salut de la Vierge Marie, Mère de Dieu selon l'humanité ».[29]

Aussi, le Concile Vatican II affirme que le Christ, « Nouvel Adam », « image du Dieu invisible » (*Col* 1,15), « est l'homme parfait qui a restauré dans la descendance d'Adam la ressemblance divine, altérée dès le premier péché [...]. Agneau innocent, par son sang librement répandu, il nous a mérité la vie; et, en lui, Dieu nous a réconciliés avec lui-même et entre nous, nous arrachant à l'esclavage du diable et du péché. En sorte que chacun de nous peut dire avec l'apôtre: le Fils de Dieu "m'a aimé et il s'est livré lui-même pour moi" (*Ga* 2,20) ».[30]

À cet égard, Jean-Paul II a explicitement déclaré: « Il est contraire à la foi chrétienne d'introduire une quelconque séparation entre le Verbe et Jésus-Christ [...]: Jésus est le Verbe incarné, Personne une et indivisible [...]. Le Christ n'est autre que Jésus de Nazareth, et celui-ci est le

[28] CONC. ŒCUM. DE NICÉE I, *Symbolum Nicaenum*: DH 125.

[29] CONC. ŒCUM. DE CHALCÉDOINE, *Symbolum Chalcedonense*: DH 301.

[30] CONC. ŒCUM. VAT. II, Const. past. *Gaudium et spes*, n. 22.

Verbe de Dieu fait homme pour le salut de tous [...]. Alors que nous découvrons peu à peu et que nous mettons en valeur les dons de toutes sortes, surtout les richesses spirituelles, dont Dieu a fait bénéficier tous les peuples, il ne faut pas les disjoindre de Jésus-Christ qui est au centre du plan divin de salut ».[31]

Il est donc contraire à la foi catholique de séparer l'action salvifique du Logos en tant que tel de celle du Verbe fait chair. Par l'incarnation, toutes les actions salvifiques que le Verbe de Dieu opère sont toujours réalisées avec la nature humaine qu'il a assumée pour le salut de tous les hommes. L'unique sujet agissant dans les deux natures, divine et humaine, est la personne unique du Verbe.[32]

Elle n'est donc pas compatible avec la doctrine de l'Église la théorie qui attribue une activité salvifique au Logos comme tel dans sa divinité, qui s'exercerait « plus loin » et « au delà » de l'humanité du Christ, même après l'incarnation.[33]

11. Il faut pareillement *croire fermement* la doctrine de foi sur l'unicité de l'économie salvifique voulue par le Dieu Un et Trine. Cette économie a comme source et comme centre le mystère de l'incarnation du Verbe, médiateur de la grâce divine pour la création et pour la rédemption (cf. *Col* 1,15-20), regroupant toutes choses (cf. *Ep* 1,10), « devenu pour nous sagesse, justice, sanctification et rédemption » (*1 Co* 1,30). Le mystère du Christ en effet a une unité intrinsèque, de l'élection éternelle en Dieu jusqu'à la parousie: « [Le Père] nous a élus en lui, dès avant la fondation du monde, pour être saints et immaculés en sa présence, dans l'amour » (*Ep* 1,4); « En lui encore [...] nous avons été mis à part, désignés d'avance, selon le plan préétabli de celui qui mène toutes choses au gré de sa volonté » (*Ep* 1,11); « Car ceux que d'avance il [le Père] a discernés, il les a aussi prédestinés à reproduire l'image de son Fils, afin qu'il soit l'aîné d'une multitude de frères; et ceux qu'il a

[31] JEAN-PAUL II, Encycl. *Redemptoris missio*, n. 6.

[32] Cf. S. LÉON LE GRAND, *Tomus ad Flavianum*: DH 294.

[33] Cf. S. LÉON LE GRAND, *Lettre « Promisisse me memini » ad Leonem I Imp.*: DH 318: « In tantam unitatem ab ipso conceptu Virginis deitate et humanitate conserta, ut nec sine homine divina, nec sine Deo agerentur humana ». Cf. aussi *ibid.*: DH 317.

prédestinés, il les a aussi appelés, ceux qu'il a appelés, il les a aussi justifiés; ceux qu'il a justifiés, il les a aussi glorifiés » (*Rm* 8,29-30).

Le Magistère de l'Église, fidèle à la révélation divine, confirme que Jésus-Christ est le médiateur et rédempteur universel: « Le Verbe de Dieu, par qui tout a été fait, s'est lui-même fait chair, afin que, homme parfait, il sauve tous les hommes et récapitule toutes choses en lui [...]. C'est lui [le Seigneur] que le Père a ressuscité d'entre les morts, a exalté et a fait siéger à sa droite, le constituant juge des vivants et des morts ».[34] Cette médiation salvifique implique aussi l'unicité du sacrifice rédempteur du Christ, prêtre souverain et éternel (cf. *He* 6,20; 9,11; 10,12-14).

12. D'autres envisagent encore l'hypothèse d'une économie de l'Esprit Saint au caractère plus universel que celle du Verbe incarné, crucifié et ressuscité. Cette affirmation aussi est contraire à la foi catholique, qui considère en revanche l'incarnation salvifique du Verbe comme un événement trinitaire. Dans le Nouveau Testament le mystère de Jésus, Verbe incarné, constitue le lieu de la présence du Saint-Esprit et le principe de son effusion sur l'humanité non seulement aux temps messianiques (cf. *Ac* 2,32-36; *Jn* 7,39; 20,22; *1 Co* 15,45), mais aussi à l'époque précédant la venue du Christ dans l'histoire (cf. *1 Co* 10,4; *1 Pt* 1,10-12).

Le Concile Vatican II a rappelé cette vérité fondamentale à la conscience de foi de l'Église. Dans l'exposition du plan salvifique du Père sur toute l'humanité, le Concile relie immédiatement et strictement le mystère du Christ et le mystère de l'Esprit.[35] Tout le travail d'édification de l'Église par Jésus-Christ Tête au cours des siècles est décrit comme réalisé en communion avec son Esprit.[36]

En outre, l'action salvifique de Jésus-Christ, avec et par son Esprit, s'étend à toute l'humanité, au delà des frontières visibles de l'Église. Traitant du mystère pascal, où le Christ associe déjà maintenant le

[34] Conc. Œcum. Vat. II, Const. past. *Gaudium et spes*, n. 45. Cf. aussi Conc. Œcum. de Trente, Décr. *De peccato originali*, n. 3: DH 1513.

[35] Cf. Conc. Œcum. Vat. II, Const. dogm. *Lumen gentium*, nn. 3-4.

[36] Cf. *ibid.*, n. 7. Cf. S. Irénée, qui affirmait que dans l'Église « a été déposée la communion avec le Christ, c'est-à-dire l'Esprit Saint » (*Adversus haereses*, III, 24, 1: *SC* 211, 472).

croyant à sa vie dans l'Esprit et lui donne l'espérance de la résurrection, le Concile affirme: « Et cela ne vaut pas seulement pour ceux qui croient au Christ, mais bien pour tous les hommes de bonne volonté, dans le cœur desquels, invisiblement, agit la grâce. En effet, puisque le Christ est mort pour tous et que la vocation dernière de l'homme est réellement unique, à savoir divine, nous devons tenir que l'Esprit Saint offre à tous, d'une façon que Dieu connaît, la possibilité d'être associé au mystère pascal ».[37]

Le lien entre le mystère salvifique du Verbe fait chair et celui de l'Esprit est donc clair, qui en fin de compte introduit la vertu salvifique du Fils incarné dans la vie de tous les hommes, appelés par Dieu à une même fin, qu'ils aient précédé historiquement le Verbe fait homme ou qu'ils vivent après sa venue dans l'histoire: l'Esprit du Père, que le Fils donne sans mesure (cf. *Jn* 3,34) les anime tous.

Pour cette raison le Magistère récent de l'Église a fermement et clairement rappelé la vérité sur l'unique économie divine: « La présence et l'activité de l'Esprit ne concernent pas seulement les individus, mais la société et l'histoire, les peuples, les cultures, les religions [...]. Le Christ ressuscité agit désormais dans le cœur des hommes par la puissance de son Esprit [...]. C'est encore l'Esprit qui répand les "semences du Verbe", présentes dans les rites et les cultures, et les prépare à leur maturation dans le Christ ».[38] Tout en reconnaissant le rôle historico-salvifique de l'Esprit dans l'univers entier et dans toute l'histoire,[39] le Magistère précise cependant: « Ce même Esprit a agi dans l'incarnation, dans la vie, la mort et la résurrection de Jésus, et il agit dans l'Église. Il ne se substitue donc pas au Christ, et il ne remplit pas une sorte de vide, comme, suivant une hypothèse parfois avancée, il en existerait entre le Christ et le Logos. Ce que l'Esprit fait dans le cœur des hommes et dans l'histoire des peuples, dans les cultures et les religions, remplit une fonction de préparation évangélique et cela ne peut pas être sans relation

[37] Conc. Œcum. Vat. II, Const. past. *Gaudium et spes*, n. 22.

[38] Jean-Paul II, Encycl. *Redemptoris missio*, n. 28. Pour les « semences du Verbe », cf. aussi S. Justin, *Apologia II*, 8,1-2; 10,1-3; 13,3-6: éd. E.J. Goodspeed, 84; 85; 88-89.

[39] Cf. Jean-Paul II, Encycl. *Redemptoris missio*, nn. 28-29.

au Christ, le Verbe fait chair par l'action de l'Esprit, "afin que, homme parfait, il sauve tous les hommes et récapitule toutes choses en lui" ».[40]

En conclusion, l'Esprit n'agit pas à côté ou en dehors du Christ. Il n'y a qu'une seule économie salvifique du Dieu Un et Trine, réalisée dans le mystère de l'incarnation, mort et résurrection du Fils de Dieu, mise en œuvre avec la coopération du Saint-Esprit et élargie dans sa portée salvifique à l'humanité entière et à l'univers: « Les hommes ne peuvent donc entrer en communion avec Dieu que par le Christ, sous l'action de l'Esprit ».[41]

[40] *Ibid.*, n. 29.
[41] *Ibid.*, n. 5.

III. UNICITÉ ET UNIVERSALITÉ DU MYSTÈRE SALVIFIQUE DE JÉSUS-CHRIST

13. On répète aussi souvent la négation de l'unicité et de l'universalité du mystère salvifique de Jésus-Christ. Cette position n'a aucun support biblique. Il faut en effet *croire fermement*, comme un élément permanent de la foi de l'Église, la vérité sur Jésus-Christ, Fils de Dieu, Seigneur et unique sauveur, qui par son incarnation, sa mort et sa résurrection a accompli l'histoire du salut, dont il est la plénitude et le centre.

Le Nouveau Testament en témoigne clairement: « Le Père a envoyé son Fils comme sauveur du monde » (*1 Jn* 4,14); « Voici l'agneau de Dieu, qui enlève le péché du monde » (*Jn* 1,29). Dans son discours devant le sanhédrin, pour justifier la guérison de l'impotent de naissance réalisée au nom de Jésus (cf. *Ac* 3,1-8), Pierre proclame: « Il n'y a pas sous le ciel d'autre nom donné aux hommes, par lequel nous devions être sauvés » (*Ac* 4,12). Le même apôtre ajoute en outre que Jésus-Christ est « le Seigneur de tous »; il est « le juge établi par Dieu pour les vivants et les morts »; et donc « quiconque croit en lui recevra, par son nom, la rémission de ses péchés » (*Ac* 10,36.42.43).

S'adressant à la communauté de Corinthe, Paul écrit: « Bien qu'il y ait, soit au ciel, soit sur la terre, de prétendus dieux — et de fait il y a quantité de dieux et quantité de seigneurs —, pour nous en tous cas, il n'y a qu'un seul Dieu, le Père, de qui viennent toutes choses et vers qui nous allons, et un seul Seigneur, Jésus-Christ, par qui viennent toutes choses et par qui nous allons » (*1 Co* 8,5-6). L'apôtre Jean affirme aussi: « Car Dieu a tant aimé le monde qu'il a donné son Fils, l'Unique-Engendré, afin que quiconque croit en lui ne se perde pas, mais ait la vie éternelle. Car Dieu n'a pas envoyé le Fils dans le monde pour juger le monde mais pour que le monde soit sauvé par son entremise » (*Jn* 3,16-17). Dans le Nouveau Testament, la volonté salvifique universelle de Dieu est strictement reliée à la médiation unique du Christ: « [Dieu] veut que tous les hommes soient sauvés et parviennent à la connaissance de la vérité. Car Dieu est unique, unique aussi le médiateur entre Dieu et les hommes, le Christ Jésus, homme lui-même, qui s'est livré en rançon pour tous » (*1 Tm* 2,4-6).

Parce que conscients du don de salut unique et universel offert par le Père en Jésus-Christ dans l'Esprit (cf. *Ep* 1,3-14), les premiers chrétiens se sont tournés vers Israël pour lui montrer l'accomplissement du salut au delà de la Loi. Ils se sont ensuite adressés au monde païen d'alors, qui aspirait au salut par une pluralité de dieux sauveurs. Cet héritage de foi a été récemment proposé à nouveau par le Magistère de l'Église: « L'Église, quant à elle, croit que le Christ, mort et ressuscité pour tous (cf. *2 Co* 5,15), offre à l'homme, par son Esprit, lumière et forces pour répondre à sa très haute vocation. Elle croit qu'il n'est pas d'autre nom donné aux hommes par lequel ils doivent être sauvés (cf. *Ac* 4,12). Elle croit aussi que la clé, le centre et la fin de toute histoire humaine se trouve en son Seigneur et Maître ».[42]

14. Il faut donc *croire fermement* comme vérité de foi catholique que la volonté salvifique universelle du Dieu Un et Trine est manifestée et accomplie une fois pour toutes dans le mystère de l'incarnation, mort et résurrection du Fils de Dieu.

Compte tenu de cette donnée de foi, la théologie d'aujourd'hui, lorsqu'elle médite sur la présence d'autres expériences religieuses et sur leur signification dans le plan salvifique de Dieu, est invitée à examiner les aspects et les éléments positifs de ces religions: entrent-ils dans le plan divin de salut? Comment? La recherche théologique trouve dans cette réflexion un vaste champ de travail sous la direction du Magistère de l'Église. Le Concile Vatican II a d'ailleurs affirmé que « l'unique média-

[42] CONC. ŒCUM. VAT. II, Const. past. *Gaudium et spes*, n. 10. Cf. S. AUGUSTIN, qui affirmait: « Hors de cette voie [le Christ] qui n'a jamais fait défaut au genre humain, [...] personne n'a été délivré, personne n'est délivré, personne ne sera délivré »: *De civitate Dei*, 10, 32, 2: *CCL* 47, 312.

tion du Rédempteur n'exclut pas, mais suscite au contraire une coopération variée de la part des créatures, en dépendance de l'unique source ».[43] Il faut élucider le contenu de cette médiation participée, qui doit rester guidée par le principe de l'unique médiation du Christ: « Le concours de médiations de types et d'ordres divers n'est pas exclu, mais celles-ci tirent leur sens et leur valeur *uniquement* de celle du Christ, et elles ne peuvent être considérées comme parallèles ou complémentaires ».[44] Les solutions qui envisageraient une action salvifique de Dieu hors de l'unique médiation du Christ seraient contraires à la foi chrétienne et catholique.

15. On se propose souvent d'éviter en théologie des termes comme « unicité », « universalité », « absolu », parce qu'ils donneraient l'impression d'une insistance excessive sur le sens et la valeur de l'événement salvifique de Jésus-Christ vis-à-vis des autres religions. Or, ce langage exprime en fin de compte la fidélité à la révélation, car il est un développement: il provient des sources mêmes de la foi. La communauté des croyants a en effet immédiatement reconnu la vertu salvifique spécifique de Jésus: par cette vertu, lui seul, comme Fils de Dieu fait homme crucifié et ressuscité, donne la révélation (cf. *Mt* 11,27) et la vie divine (cf. *Jn* 1,12; 5,25-26; 17,2) à toute l'humanité et à chaque homme par la mission reçue du Père et dans la puissance du Saint-Esprit.

Dans cette mesure, on peut et on doit dire que Jésus-Christ a une fonction unique et singulière pour le genre humain et pour son histoire: cette fonction lui est propre, elle est exclusive, universelle et absolue. Jésus est en effet le Verbe de Dieu fait homme pour le salut de tous. Recueillant cette conscience de foi, le Concile Vatican II enseigne: « Le Verbe de Dieu, par qui tout a été fait, s'est lui-même fait chair, afin que, homme parfait, il sauve tous les hommes et récapitule toutes choses en lui. Le Seigneur est le terme de l'histoire humaine, le point vers lequel convergent tous les désirs de l'histoire et de la civilisation, le centre du genre humain, la joie de tous les cœurs et la plénitude de

[43] CONC. ŒCUM. VAT. II, Const. dogm. *Lumen gentium*, n. 62.

[44] JEAN-PAUL II, Encycl. *Redemptoris missio*, n. 5.

leurs aspirations. C'est lui que le Père a ressuscité d'entre les morts, a exalté et fait siéger à sa droite, le constituant juge des vivants et des morts ».[45] « C'est précisément ce caractère unique du Christ qui lui confère une portée absolue et universelle par laquelle, étant dans l'histoire, il est le centre et la fin de l'histoire elle-même: "Je suis l'Alpha et l'Oméga, le Premier et le Dernier, le Principe et la Fin" (*Ap* 22,13) ».[46]

[45] CONC. ŒCUM. VAT. II, Const. past. *Gaudium et spes*, n. 45. La singularité et l'universalité du Christ dans l'histoire humaine sont nécessaires et absolues: saint Irénée a bien exprimé ce concept dans sa contemplation de la primauté de Jésus comme Premier-né: « [Primauté] aux cieux, d'abord, parce que Premier-né du conseil du Père, Verbe parfait gouvernant toutes choses et leur imposant sa loi; sur la terre, ensuite, parce que Premier-né de la Vierge, homme juste, saint, pieux, bon, agréable à Dieu, parfait en tout; enfin, sauvant des enfers tous ceux qui le suivent, parce que Premier-né des morts et Initiateur de la vie de Dieu »: *Demonstratio*, 39: *SC* 406, 138.

[46] JEAN-PAUL II, Encycl. *Redemptoris missio*, n. 6.

IV. UNICITÉ ET UNITÉ DE L'ÉGLISE

16. Le Seigneur Jésus, unique sauveur, n'a pas simplement établi une communauté de disciples mais il a constitué l'Église comme *mystère de salut*: il est lui-même dans l'Église et l'Église est en lui (cf. *Jn* 15,1ss.; *Ga* 3,28; *Ep* 4,15-16; *Ac* 9,5); c'est pourquoi la plénitude du mystère salvifique du Christ appartient aussi à l'Église, inséparablement unie à son Seigneur. La présence et l'œuvre de salut de Jésus-Christ continuent en effet dans l'Église et à travers l'Église (cf. *Col* 1,24-27),[47] qui est son Corps (cf. *1 Co* 12,12-13.27; *Col* 1,18).[48] Et comme la tête et les membres d'un corps vivant sont inséparables mais distincts, le Christ et l'Église ne peuvent être ni confondus ni séparés et forment un seul « Christ total ».[49] Cette non-séparation est aussi exprimée dans le Nouveau Testament par l'analogie de l'Église comme *Épouse* du Christ (cf. *2 Co* 11,2; *Ep* 5,25-29; *Ap* 21,2.9).[50]

Par conséquent, compte tenu de l'unicité et de l'universalité de la médiation salvifique de Jésus-Christ, on doit *croire fermement* comme vérité de foi catholique en l'unicité de l'Église fondée par le Christ. Tout comme il existe un seul Christ, il n'a qu'un seul Corps, une seule Épouse: une « seule et unique Église catholique et apostolique ».[51] De plus, les promesses du Seigneur de ne jamais abandonner son Église (cf. *Mt* 16,18; 28,20) et de la guider par son Esprit (cf. *Jn* 16,13) impli-

[47] Cf. Conc. Œcum. Vat. II, Const. dogm. *Lumen gentium*, n. 14.

[48] Cf. *ibid.*, n. 7

[49] Cf. S. Augustin, *Enarrat. in Psalmos*, Ps. 90, *Sermo 2*, 1: *CCL* 39, 1266; S. Grégoire le Grand, *Moralia in Job*, Praefatio, 6, 14: *PL* 75, 525; S. Thomas d'Aquin, *Summa Theologiae*, III, q. 48, a. 2, ad 1.

[50] Cf. Conc. Œcum. Vat. II, Const. dogm. *Lumen gentium*, n. 6.

[51] *Grand symbole de foi de l'Église arménienne*: DH 48. Cf. Boniface VIII, Bulle *Unam Sanctam*: DH 870-872; Conc. Œcum. Vat. II, Const. dogm. *Lumen gentium*, n. 8.

quent, selon la foi catholique, que l'unicité et l'unité, comme tout ce qui appartient à l'intégrité de l'Église, ne feront jamais défaut.[52]

Les fidèles sont *tenus de professer* qu'il existe une continuité historique — fondée sur la succession apostolique [53] — entre l'Église instituée par le Christ et l'Église catholique: « C'est là l'unique Église du Christ [...] que notre sauveur, après sa résurrection, remit à Pierre pour qu'il en soit le pasteur (cf. *Jn* 21,17), qu'il lui confia, à lui et aux autres apôtres, pour la répandre et la diriger (cf. *Mt* 28,18ss.), et dont il a fait pour toujours la "colonne et le fondement de la vérité" (*1 Tm* 3,15). Cette Église comme société constituée et organisée en ce monde, c'est dans l'Église catholique qu'elle se trouve [*subsistit in*], gouvernée par le successeur de Pierre et les Évêques qui sont en communion avec lui ».[54] Par l'expression *subsistit in*, le Concile Vatican II a voulu proclamer deux affirmations doctrinales: d'une part, que malgré les divisions entre chrétiens, l'Église du Christ continue à exister en plénitude dans la seule Église catholique; d'autre part, « que des éléments nombreux de sanctification et de vérité subsistent hors de ses structures »,[55] c'est-à-dire dans les Églises et Communautés ecclésiales qui ne sont pas encore en pleine communion avec l'Église catholique.[56] Mais il faut affirmer de ces dernières que leur « force dérive de la plénitude de grâce et de vérité qui a été confiée à l'Église catholique ».[57]

[52] Cf. CONC. ŒCUM. VAT. II, Décr. *Unitatis redintegratio*, n. 4; JEAN-PAUL II, Encycl. *Ut unum sint*, n. 11: *AAS* 87 (1995) 921-982.

[53] Cf. CONC. ŒCUM. VAT. II, Const. dogm. *Lumen gentium*, n. 20; cf. aussi S. IRÉNÉE, *Adversus haereses*, III, 3, 1-3: *SC* 211, 20-44; S. CYPRIEN, *Epist.* 33, 1: *CCL* 3 B, 164-165; S. AUGUSTIN, *Contra adversarium legis et prophetarum*, 1, 20, 39: *CCL* 49, 70.

[54] CONC. ŒCUM. VAT. II, Const. dogm. *Lumen gentium*, n. 8.

[55] *Ibid.*, cf. JEAN-PAUL II, Encycl. *Ut unum sint*, n. 13. Cf. aussi CONC. ŒCUM. VAT. II, Const. dogm. *Lumen gentium*, n. 15 et Décr. *Unitatis redintegratio*, n. 3.

[56] Contraire à la signification authentique du texte conciliaire est donc l'interprétation qui tire de la formule *subsistit in* la thèse que l'unique Église du Christ pourrait aussi subsister dans des Églises et Communautés ecclésiales non catholiques. « Le Concile avait, à l'inverse, choisit le mot *subsistit* précisément pour mettre en lumière qu'il existe une seule "subsistance" de la véritable Église, alors qu'en dehors de son ensemble visible, existent seulement des *elementa Ecclesiae* qui — étant des éléments de la même Église — tendent et conduisent vers l'Église catholique » (*À propos du livre « Église: charisme et pouvoir » du P. Leonardo Boff. Notification de la Congrégation pour la Doctrine de la Foi: AAS* 77 [1985] 756-762).

[57] CONC. ŒCUM. VAT. II, Décr. *Unitatis redintegratio*, n. 3.

17. Il existe donc une unique Église du Christ, qui subsiste dans l'Église catholique, gouvernée par le successeur de Pierre et les Évêques en communion avec lui.[58] Les Églises qui, quoique sans communion parfaite avec l'Église catholique, lui restent cependant unies par des liens très étroits comme la succession apostolique et l'Eucharistie valide, sont de véritables Églises particulières.[59] Par conséquent, l'Église du Christ est présente et agissante dans ces Églises, malgré l'absence de la pleine communion avec l'Église catholique, provoquée par leur non-acceptation de la doctrine catholique du Primat, que l'Évêque de Rome, d'une façon objective, possède et exerce sur toute l'Église conformément à la volonté divine.[60]

En revanche, les Communautés ecclésiales qui n'ont pas conservé l'épiscopat valide et la substance authentique et intégrale du mystère eucharistique,[61] ne sont pas des Églises au sens propre; toutefois, les baptisés de ces Communautés sont incorporés au Christ par le baptême et se trouvent donc dans une certaine communion bien qu'imparfaite avec l'Église.[62] Le baptême en effet tend en soi à l'acquisition de la plénitude de la vie du Christ, par la totale profession de foi, l'Eucharistie et la pleine communion dans l'Église.[63]

« Aussi n'est-il pas permis aux fidèles d'imaginer que l'Église du Christ soit simplement un ensemble — divisé certes, mais conservant encore quelque unité — d'Églises et de Communautés ecclésiales; et ils n'ont pas le droit de tenir que cette Église du Christ ne subsiste plus nulle part aujourd'hui de sorte qu'il faille la tenir seulement pour une fin à rechercher par toutes les Églises en commun ».[64] En effet, « les éléments de cette Église déjà donnée existent, unis dans toute leur pléni-

[58] Cf. Congr. pour la Doctrine de la Foi, Décl. *Mysterium Ecclesiae*, n. 1: *AAS* 65 (1973) 396-408.

[59] Cf. Conc. Œcum. Vat. II, Décr. *Unitatis redintegratio*, nn. 14 et 15; Congr. pour la Doctrine de la Foi, Lett. *Communionis notio*, n. 17: *AAS* 85 (1993) 838-850.

[60] Cf. Conc. Œcum. Vat. I, Const. dogm. *Pastor aeternus*: DH 3053-3064; Conc. Œcum. Vat. II, Const. dogm. *Lumen gentium*, n. 22.

[61] Cf. Conc. Œcum. Vat. II, Décr. *Unitatis redintegratio*, n. 22.

[62] Cf. *ibid.*, n. 3.

[63] Cf. *ibid.*, n. 22.

[64] Congr. pour la Doctrine de la Foi, Décl. *Mysterium Ecclesiae*, n. 1.

tude, dans l'Église catholique et, sans cette plénitude, dans les autres Communautés ».[65] « En conséquence, ces Églises et Communautés séparées, bien que nous les croyions souffrir de déficiences, ne sont nullement dépourvues de signification et de valeur dans le mystère du salut. L'Esprit du Christ, en effet, ne refuse pas de se servir d'elles comme de moyens de salut, dont la force dérive de la plénitude de grâce et de vérité qui a été confiée à l'Église catholique ».[66]

Le manque d'unité entre les chrétiens est certes une *blessure* pour l'Église, non pas comme privation de son unité, mais « en tant qu'obstacle pour la réalisation pleine de son universalité dans l'histoire ».[67]

[65] JEAN-PAUL II, Encycl. *Ut unum sint*, n. 14.

[66] CONC. ŒCUM. VAT. II, Décr. *Unitatis redintegratio*, n. 3.

[67] CONGR. POUR LA DOCTRINE DE LA FOI, Lett. *Communionis notio*, n. 17. Cf. aussi CONC. ŒCUM. VAT. II, Décr. *Unitatis redintegratio*, n. 4.

V. ÉGLISE, ROYAUME DE DIEU ET ROYAUME DU CHRIST

18. La mission de l'Église est « d'annoncer le Royaume du Christ et de Dieu et de l'instaurer dans toutes les nations, formant de ce Royaume le germe et le commencement sur la terre ».[68] D'un côté, l'Église est « sacrement, c'est-à-dire à la fois le signe et le moyen de l'union intime avec Dieu et de l'unité de tout le genre humain ».[69] Elle est donc signe et instrument du Royaume: appelée à l'annoncer et à l'instaurer. De l'autre côté, l'Église est le « peuple qui tire son unité de l'unité du Père et du Fils et de l'Esprit Saint »; [70] elle est ainsi « le règne du Christ déjà mystérieusement présent »,[71] puisqu'elle en constitue le *germe* et le *principe*. Le Royaume de Dieu a en effet une dimension eschatologique: c'est une réalité présente dans le temps, mais elle ne se réalisera pleinement qu'à la fin ou accomplissement de l'histoire.[72]

À partir des textes bibliques et des témoignages patristiques, comme des documents du Magistère de l'Église, on ne déduit une acception univoque ni pour *Royaume des Cieux*, *Royaume de Dieu* et *Royaume du Christ* ni pour leur rapport avec l'Église, elle-même mystère irréductible à un concept humain. Diverses explications théologiques peuvent donc exister sur ces problèmes. Cependant, aucune de ces explications possibles ne doit refuser ou réduire à néant le lien étroit entre le Christ, le

[68] Cf. CONC. ŒCUM. VAT. II, Const. dogm. *Lumen gentium*, n. 5.

[69] *Ibid.*, n. 1.

[70] *Ibid.*, n. 4. Cf. S. CYPRIEN, *De Dominica oratione*, 23: *CCL* 3/A, 105.

[71] CONC. ŒCUM. VAT. II, Const. dogm. *Lumen gentium*, n. 3.

[72] Cf. *ibid.*, n. 9. Cf. aussi la prière à Dieu, que recueille la *Didachè*, 9, 4: *SC* 248, 176: « Que ton Église soit rassemblée de la même manière des extrémités de la terre dans ton Royaume » et *ibid.*, 10, 5: *SC* 248, 180: « Souviens-toi, Seigneur, de ton Église [...]. Et rassemble-la des quatre vents, cette Église sanctifiée, dans ton Royaume que tu lui as préparé ».

Royaume et l'Église. En effet, le « Royaume de Dieu tel que nous le connaissons par la Révélation » ne peut être séparé « ni du Christ ni de l'Église [...]. Si l'on détache le Royaume de Jésus, on ne prend plus en considération le Royaume de Dieu qu'il a révélé, et l'on finit par altérer le sens du Royaume, qui risque de se transformer en un objectif purement humain ou idéologique, et altérer aussi l'identité du Christ, qui n'apparaît plus comme le Seigneur à qui tout doit être soumis (cf. *1 Co* 15,27). De même, on ne peut disjoindre le Royaume et l'Église. Certes, l'Église n'est pas à elle-même sa propre fin, car elle est ordonnée au Royaume de Dieu dont elle est germe, signe et instrument. Mais, alors qu'elle est distincte du Christ et du Royaume, l'Église est unie indissolublement à l'un et à l'autre ».[73]

19. Affirmer l'union inséparable entre Église et Royaume ne signifie cependant pas que le Royaume de Dieu — même considéré dans sa phase historique — s'identifie avec l'Église dans sa réalité visible et sociale. On ne doit pas oublier « l'action du Christ et de l'Esprit Saint hors des limites visibles de l'Église ».[74] On doit donc garder en mémoire que « le Royaume concerne les personnes humaines, la société, le monde entier. Travailler pour le Royaume signifie reconnaître et favoriser le dynamisme divin qui est présent dans l'histoire humaine et la transforme. Construire le Royaume signifie travailler pour la libération du mal dans toutes ses formes. En un mot, le Royaume de Dieu est la manifestation et la réalisation de son dessein de salut dans sa plénitude ».[75]

En considérant les rapports entre le Royaume de Dieu, le Royaume du Christ et l'Église, il est de toute manière nécessaire d'éviter des formulations unilatérales comme ces « conceptions qui mettent délibérément l'accent sur le Royaume et se définissent comme "régnocentriques"; elles mettent en avant l'image d'une Église qui ne pense pas à elle-

[73] JEAN-PAUL II, Encycl. *Redemptoris missio*, n. 18; cf. Exhort. ap. *Ecclesia in Asia*, n. 17: en *L'Osservatore Romano*, 7 novembre 1999. Le Royaume est tellement inséparable du Christ que, dans un certain sens, il s'identifie à lui (cf. ORIGÈNE, *Commentaria in Matthaeum*, 14, 7: *PG* 13, 1197; TERTULLIEN, *Adversus Marcionem*, IV, 33, 8: *CCL* 1, 634.

[74] JEAN-PAUL II, Encycl. *Redemptoris missio*, n. 18.

[75] *Ibid.*, n. 15.

même, mais se préoccupe seulement de témoigner du Royaume et de le servir. C'est une "Église pour les autres" dit-on, comme le Christ est "l'homme pour les autres" [...]. À côté d'aspects positifs, ces conceptions comportent souvent des aspects négatifs. D'abord, elles gardent le silence sur le Christ: le Royaume dont elles parlent se fonde sur un "théocentrisme", parce que — dit-on — le Christ ne peut pas être compris par ceux qui n'ont pas la foi chrétienne, alors que les peuples, les cultures et les diverses religions peuvent se rencontrer autour de l'unique réalité divine, quel que soit son nom. Pour le même motif, elles privilégient le mystère de la création qui se reflète dans la diversité des cultures et des convictions, mais elles se taisent sur le mystère de la rédemption. En outre, le Royaume tel qu'elles l'entendent, finit par marginaliser ou sous-estimer l'Église, par réaction à un "ecclésiocentrisme" supposé du passé et parce qu'elles ne considèrent l'Église elle-même que comme un signe, d'ailleurs non dépourvu d'ambiguïté ».[76] Ces thèses sont contraires à la foi catholique parce qu'elles nient l'unicité de rapport du Christ et de l'Église avec le Royaume de Dieu.

[76] *Ibid.*, n. 17.

VI. L'ÉGLISE ET LES RELIGIONS FACE AU SALUT

20. Ce qui a été jusqu'ici rappelé impose nécessairement des étapes au chemin que la théologie doit parcourir pour élucider le rapport de l'Église et des religions avec le salut.

On doit avant tout *croire fermement* que l'« Église en marche sur la terre est nécessaire au salut. Seul, en effet, le Christ est médiateur et voie de salut: or, il nous devient présent en son Corps qui est l'Église; et en nous enseignant expressément la nécessité de la foi et du baptême (cf. *Mc* 16,16; *Jn* 3,5), c'est la nécessité de l'Église elle-même, dans laquelle les hommes entrent par la porte du baptême, qu'il nous a confirmée en même temps ».[77] Cette doctrine ne doit pas être opposée à la volonté salvifique universelle de Dieu (cf. *1 Tm* 2,4); aussi, « il est nécessaire de tenir ensemble ces deux vérités, à savoir la possibilité réelle du salut dans le Christ pour tous les hommes et la nécessité de l'Église pour le salut ».[78]

L'Église est « sacrement universel de salut »,[79] parce que, de manière mystérieuse et subordonnée, toujours unie à Jésus-Christ sauveur, sa Tête, elle a dans le dessein de Dieu un lien irremplaçable avec le salut de tout homme.[80] Pour ceux qui ne sont pas formellement et visiblement membres de l'Église, « le salut du Christ est accessible en vertu d'une grâce qui, tout en ayant une relation mystérieuse avec l'Église, ne les y introduit pas formellement mais les éclaire d'une manière adaptée à leur

[77] CONC. ŒCUM. VAT. II, Const. dogm. *Lumen gentium*, n. 14. Cf. Décr. *Ad gentes*, n. 7; Décr. *Unitatis redintegratio*, n. 3.

[78] JEAN-PAUL II, Encycl. *Redemptoris missio*, n. 9. Cf. *Catéchisme de l'Église Catholique*, nn. 846-847.

[79] CONC. ŒCUM. VAT. II, Const. dogm. *Lumen gentium*, n. 48.

[80] Cf. S. CYPRIEN, *De catholicae ecclesiae unitate*, 6: *CCL* 3, 253-254; S. IRÉNÉE, *Adversus haereses*, III, 24, 1: *SC* 211, 472-474.

état d'esprit et à leur cadre de vie. Cette grâce vient du Christ, elle est le fruit de son sacrifice et elle est communiquée par l'Esprit Saint ».[81] Elle est liée à l'Église, qui « tire son origine de la mission du Fils et de la mission du Saint-Esprit, selon le dessein de Dieu le Père ».[82]

21. Sur la *modalité* de transmission aux non-chrétiens de la grâce salvifique de Dieu, toujours donnée par le Christ en l'Esprit et dans un rapport mystérieux avec l'Église, le Concile Vatican II s'est contenté d'affirmer que Dieu la donne « par des voies connues de lui ».[83] La théologie cherche à approfondir cette idée. Ce travail théologique doit être encouragé, parce qu'il sert sans aucun doute à une meilleure compréhension des desseins salvifiques de Dieu et des formes de leur réalisation. Cependant, d'après ce qui a été rappelé jusqu'ici sur la médiation de Jésus-Christ et sur la « relation singulière et unique » [84] entre l'Église et le Royaume de Dieu parmi les hommes — qui est en substance le Royaume du Christ sauveur universel —, il serait clairement contraire à la foi catholique de considérer l'Église comme *un chemin* de salut parmi d'autres. Les autres religions seraient complémentaires à l'Église, lui seraient même substantiellement équivalentes, bien que convergeant avec elle vers le Royaume eschatologique de Dieu.

Certes, les différentes traditions religieuses contiennent et proposent des éléments de religiosité qui procèdent de Dieu,[85] et font partie de « ce que l'Esprit fait dans le cœur des hommes et dans l'histoire des peuples, dans les cultures et les religions ».[86] De fait, certaines prières et certains rites des autres religions peuvent assumer un rôle de préparation évangélique, en tant qu'occasions ou enseignements encourageant le cœur

[81] JEAN-PAUL II, Encycl. *Redemptoris missio*, n. 10.

[82] CONC. ŒCUM. VAT. II, Décr. *Ad gentes*, n. 2. C'est dans le sens ici expliqué qu'il faut interpréter la formule célèbre *extra Ecclesia nullus omnino salvatur* (cf. CONC. ŒCUM. LATRAN IV, Cap. 1. *De fide catholica*: DH 802). Cf. aussi *Lettre du Saint-Office à l'archevêque de Boston*: DH 3866-3872.

[83] CONC. ŒCUM. VAT. II, Décr. *Ad gentes*, n. 7.

[84] JEAN-PAUL II, Encycl. *Redemptoris missio*, n. 18.

[85] Ce sont les semences du Verbe divin (*semina Verbi*), que l'Église reconnaît avec joie et respect (cf. CONC. ŒCUM. VAT. II, Décr. *Ad gentes*, n. 11; Décl. *Nostra aetate* , n. 2).

[86] JEAN-PAUL II, Encycl. *Redemptoris missio*, n. 29.

des hommes à s'ouvrir à l'action divine.[87] On ne peut cependant leur attribuer l'origine divine et l'efficacité salvifique *ex opere operato* qui sont propres aux sacrements chrétiens.[88] Par ailleurs, on ne peut ignorer que d'autres rites naissent de superstitions ou d'erreurs semblables (cf. *1 Co* 10,20-21) et constituent plutôt un obstacle au salut.[89]

22. Avec l'avènement de Jésus-Christ sauveur, Dieu a voulu que l'Église par lui fondée fût l'instrument du salut de *toute* l'humanité (cf. *Ac* 17,30-31).[90] Cette vérité de foi n'enlève rien à la considération respectueuse et sincère de l'Église pour les religions du monde, mais en même temps, elle exclut radicalement la mentalité indifférentiste « imprégnée d'un relativisme religieux qui porte à considérer que "toutes les religions se valent" ».[91] S'il est vrai que les adeptes d'autres religions peuvent recevoir la grâce divine, il n'est pas moins certain qu'*objectivement* ils se trouvent dans une situation de grave indigence par rapport à ceux qui, dans l'Église, ont la plénitude des moyens de salut.[92] « Tous les fils de l'Église doivent [...] se souvenir que la grandeur de leur condition doit être rapportée non à leurs mérites, mais à une grâce spéciale du Christ; s'ils n'y correspondent pas par la pensée, la parole et l'action, ce n'est pas le salut qu'elle leur vaudra, mais un plus sévère jugement ».[93] On comprend ainsi que, suivant le commandement du Seigneur (cf. *Mt* 28,19-20) et comme exigence d'amour pour tous les hommes, l'Église « annonce, et est tenue d'annoncer sans cesse, le Christ qui est "la voie, la vérité et la vie" (*Jn* 14,6), dans lequel les hommes doivent trouver la plénitude de la vie religieuse et dans lequel Dieu s'est réconcilié toutes choses ».[94]

La mission *ad gentes*, dans le dialogue interreligieux aussi, « garde dans leur intégrité, aujourd'hui comme toujours, sa force et sa néces-

[87] Cf. *ibid.; Catéchisme de l'Église Catholique*, n. 843.

[88] Cf. CONCILE ŒCUM. DE TRENTE, Décr. *De sacramentis*, can. 8, *de sacramentis in genere*: DH 1608.

[89] Cf. JEAN-PAUL II, Encycl. *Redemptoris missio*, n. 55.

[90] Cf. CONC. ŒCUM. VAT. II, Const. dogm. *Lumen gentium*, n. 17; JEAN-PAUL II, Encycl. *Redemptoris missio*, n. 11.

[91] JEAN-PAUL II, Encycl. *Redemptoris missio*, n. 36.

[92] Cf. PIE XII, Encycl. *Mystici corporis:* DH 3821.

[93] CONC. ŒCUM. VAT. II, Const. dogm. *Lumen gentium*, n. 14.

[94] CONC. ŒCUM. VAT. II, Décl. *Nostra aetate*, n. 2.

sité ».[95] En effet, « "Dieu veut que tous les hommes soient sauvés et parviennent à la connaissance de la vérité" (*1 Tm* 2,4). Dieu veut le salut de tous par la connaissance de la vérité. Le salut se trouve dans la vérité. Ceux qui obéissent à la motion de l'Esprit de vérité sont déjà sur le chemin du salut; mais l'Église, à qui cette vérité a été confiée, doit aller à la rencontre de leur désir pour la leur apporter. C'est parce qu'elle croit au dessein universel de salut qu'elle doit être missionnaire ».[96] Le dialogue donc, tout en faisant partie de la mission évangélisatrice, n'est qu'une des actions de l'Église dans sa mission *ad gentes*.[97] La *parité*, condition du dialogue, signifie égale dignité personnelle des parties, non pas égalité des doctrines et encore moins égalité entre Jésus-Christ — Dieu lui-même fait homme — et les fondateurs des autres religions. L'Église en effet, guidée par la charité et le respect de la liberté,[98] doit en premier lieu annoncer à tous la vérité définitivement révélée par le Seigneur, et proclamer la nécessité, pour participer pleinement à la communion avec Dieu Père, Fils et Saint-Esprit, de la conversion à Jésus-Christ et de l'adhésion à l'Église par le baptême et les autres sacrements. D'autre part la certitude de la volonté salvifique universelle de Dieu n'atténue pas, mais augmente le devoir et l'urgence d'annoncer le salut et la conversion au Seigneur Jésus-Christ.

[95] Conc. Œcum. Vat. II, Décr. *Ad gentes*, n. 7.
[96] *Catéchisme de l'Église Catholique*, n. 851; cf. aussi nn. 849-856.
[97] Cf. Jean-Paul II, Encycl. *Redemptoris missio*, n. 55; Exhort. ap. *Ecclesia in Asia*, n. 31.
[98] Cf. Conc. Œcum. Vat. II, Décl. *Dignitatis humanae*, n. 1.

CONCLUSION

23. Pour proclamer à nouveau et éclairer certaines vérités de foi, la présente Déclaration a voulu suivre l'exemple de l'apôtre Paul face aux Corinthiens: « Je vous ai donc transmis en premier lieu ce que j'avais moi-même reçu » (*1 Co* 15,3). Vis-à-vis de certaines propositions problématiques voire même erronées, la réflexion théologique est appelée à confirmer la foi de l'Église et à donner raison de son espérance avec conviction et efficacité.

À propos de la vraie religion, les Pères du Concile Vatican II ont affirmé: « Cette unique et vraie religion, nous croyons qu'elle subsiste dans l'Église catholique et apostolique à qui le Seigneur Jésus a confié le mandat de la faire connaître à tous les hommes, lorsqu'il dit aux apôtres: "Allez, de toutes les nations faites des disciples, les baptisant au nom du Père et du Fils et du Saint-Esprit, et leur apprenant à observer tout ce que je vous ai prescrit" (*Mt* 28,19-20). Tous les hommes, d'autre part, sont tenus de chercher la vérité, surtout en ce qui concerne Dieu et son Église; et quand ils l'ont connue, de l'embrasser et de lui être fidèles ».[99]

La révélation du Christ continuera d'être dans l'histoire « la vraie étoile sur laquelle s'oriente » [100] toute l'humanité: « La Vérité, qui est le Christ, s'impose comme une autorité universelle ».[101] Le mystère chrétien dépasse en effet toute limite d'espace et de temps; il réalise l'unité de la famille humaine: « Des divers lieux et des différentes traditions, tous sont appelés dans le Christ à participer à l'unité de la famille des fils de Dieu [...]. Jésus abat les murs de division et réalise l'unification de

[99] *Ibid.*
[100] JEAN-PAUL II, Encycl. *Fides et ratio*, n. 15.
[101] *Ibid.*, n. 92.

manière originale et suprême, par la participation à son mystère. Cette unité est tellement profonde que l'Église peut dire avec saint Paul: "Vous n'êtes plus des étrangers ni des hôtes; vous êtes concitoyens des saints, vous êtes de la maison de Dieu" (*Ep* 2,19) ».[102]

Sa Sainteté le Pape Jean-Paul II, au cours de l'audience accordée le 16 juin 2000 au soussigné cardinal Préfet de la Congrégation pour la Doctrine de la Foi, avec science certaine et son autorité apostolique a approuvé la présente Déclaration, décidée en session plénière, l'a confirmée et en a ordonné la publication.

Donné à Rome, au siège de la Congrégation pour la Doctrine de la Foi, le 6 août 2000, en la fête de la Transfiguration du Seigneur.

✠ JOSEPH Card. RATZINGER
Préfet

✠ TARCISIO BERTONE, S.D.B.
Archevêque émérite de Verceil
Secrétaire

[102] *Ibid.*, n. 70.

TABLE DES MATIÈRES

DÉCLARATION « DOMINUS IESUS »

DOCUMENTS D'ÉGLISE

LETTRES, ENCYCLIQUES ET EXHORTATIONS APOSTOLIQUES

Jean-Paul II, **Le Rédempteur de l'homme,** introduction par Vincent Cosmao.

Jean-Paul II, **Dieu riche en miséricorde,** introduction par Bernard Bro.

Jean-Paul II, **Le Travail humain,** introduction par Marie-Dominique Chenu.

Jean-Paul II, **Les Tâches de la famille chrétienne,** introduction par François Refoulé.

Jean-Paul II, **Le Sens chrétien de la souffrance humaine,** introduction par Ambroise-Marie Carré.

Jean-Paul II, **Aux religieux et aux religieuses,** introduction par Jean-René Bouchet.

Jean-Paul II, **La Réconciliation et la pénitence dans la mission de l'Église aujourd'hui,** introduction par Stan Rougier.

Jean-Paul II, **L'Esprit-Saint,** introduction par Yves Congar.

Jean-Paul II, **La Mère du Rédempteur,** présentation par Yves Congar.

Jean-Paul II, **La Question sociale,** introduction par Vincent Cosmao.

Jean-Paul II, **La Dignité et la Vocation de la femme,** introduction par Louis Bouyer.

Jean-Paul II, **Les Fidèles laïcs,** introduction par Yves Congar.

Jean-Paul II, **Appelé à veiller, Saint Joseph,** introduction par Bernard Sesboüé.

Jean-Paul II, **Le Renouveau de la liturgie,** introduction par Philippe Béguerie.

Jean-Paul II, **Mission du Christ rédempteur,** introduction par Claude Geffré.

Jean-Paul II, **Le Centenaire de Rerum Novarum,** introduction par Hugues Puel.

Jean-Paul II, **À tous les jeunes du monde,** introduction par Guy Gilbert.

Jean-Paul II, **La Splendeur de la Vérité,** introduction par Xavier Thévenot.

Jean-Paul II, **Lettre aux familles,** introduction par Georges Hourdin.

Jean-Paul II, **Le Jubilé de l'an 2000,** présentation par le Cardinal Jean-Marie Lustiger.

Jean-Paul II, **L'Évangile de la vie,** présentation par Xavier Lacroix.

Jean-Paul II, **La Lumière de l'Orient,** présentation par Mgr Bernard Dupire.

Jean-Paul II, **Qu'ils soient un,** présentation par Mgr Bernard Dupuy.

Jean-Paul II, **La Vie consacrée,** présentation par Luc Mathieu.

Jean-Paul II, **Message aux jeunes du monde entier,** présentation par Mgr Georges Soubrier.

Jean-Paul II, **La Science de l'amour divin.** Brève histoire du doctorat, de Guy Gaucher.

Jean-Paul II, **Le Jour du Seigneur,** présentation par Mgr Pierre d'Ornellas.

Jean-Paul II, **La Foi et la Raison,** présentation par Michel Sales.

Jean-Paul II, **À tous les fidèles en marche vers le troisième millénaire, « Incarnationis mysterium »,** présentation par Mgr Louis-Marie Billé.

Jean-Paul II, **Célébrer le Jubilé,** présentation par Mgr Jacques Perrier.

Jean-Paul II, **Lettre aux personnes âgées.**

DÉCLARATIONS ET ENTRETIENS DU MERCREDI

Jean-Paul II, **À l'image de Dieu, homme et femme : une lecture de Genèse 1-3,** 1980.

Jean-Paul II, **L'Amour humain dans le plan divin : de la Bible à Humanae Vitae,** 1985.

Jean-Paul II, **Résurrection, mariage et célibat : l'Évangile de la rédemption,** 1985.

Jean-Paul II, **Catéchèse sur le Credo**

1. **Je crois en Dieu,** 1987.
2. **Le Créateur du ciel et de la terre,** 1988.
3. **Je crois en Jésus-Christ, le fils unique de Dieu,** 1989.
4. **Jésus-Christ, vrai Dieu et vrai homme,** 1990.
5. **Je crois en Jésus-Christ le Sauveur,** 1992.

6. **La Pentecôte,** 1992.

Jean-Paul II, **Avec vous je suis prêtre,** textes présentés par Pierre Raffin, 1986.

Juifs et Chrétiens « Pour une entente nouvelle », visite de Jean-Paul II à la synagogue de Rome (13 avril 1986/4 nisan 5746), 1986.

SYNODES DES ÉVÊQUES

Synode extraordinaire (Rome, 1985), **Célébration de Vatican II**.

Synode des Évêques (Rome, 1987), **Les Laïcs dans l'Église et dans le monde,** préface du Cardinal Decourtray.

Synode des Évêques, **La Formation des prêtres** (instruments de travail), Cerf-Centurion, 1990.

Synode des Évêques, **La Formation des prêtres** (Cerf-Centurion, 1990).

CONGRÉGATIONS ET COMMISSIONS PONTIFICALES

Commission biblique pontificale

Bible et christologie, 1984.

L'Interprétation de la Bible dans l'Église, Allocution de Jean-Paul II, préface de J. Ratzinger, introduction de Jean-Luc Vesco, 1994.

Commission pontificale Justice et Paix

Au service de la Communauté humaine : une approche éthique de l'endettement international, présenté par Philippe Laurent, 1987.

L'Église face au racisme, introduction de Xavier Thévenot, 1989.

Solidarité et développement, textes présentés et introduits par Antoine Sondac, 1992.

Commission théologique internationale

Textes et documents 1969-1985, 1988.

Le Christianisme et les religions, préface de Joseph Doré, membre de la Commission, 1997.

Congrégation pour la doctrine de la foi

Liberté chrétienne et libération, introduction de Marie-Dominique Chenu.

Le Don de la vie, Instruction sur le respect de la vie humaine naissante et la dignité de la procréation. Réponses à quelques questions d'actualité. Congrégation pour la doctrine de la foi.

La Vocation ecclésiale du théologien, Congrégation pour la doctrine de la foi.

Communication sociale et promotion de la foi : introduction sur certains aspects de l'utilisation des instruments de communication sociale dans la promotion de la doctrine de la foi, liminaire de Pascal Moity, 1992.

L'Église comprise comme communion, Lettre de la Congrégation pour la doctrine de la foi. Présentation de la Commission épiscopale par Mgr Jean Vilnet, commentaire par P. Damien Sicard.

La Pastorale des divorcés remariés, préface de Mgr Tarcisio Bertone, introduction du Cardinal Joseph Ratzinger.

Le Seigneur Jésus-Déclaration « Dominus Iesus » sur l'unicité et l'universalité salvifique de Jésus-Christ et de l'Église, avant-propos de Mgr Bernard Lagoutte, introduction par le cardinal Pierre Eyt.

Congrégation pour le culte divin

Directoire pour les assemblées dominicales en l'absence de prêtre.

Charte des droits de la famille, présentée par le Saint-Siège.

Les Sectes et l'Église catholique : le document romain, présentation de 150 groupes religieux, introduction de Jean Vernette.

Congrégation pour les instituts de vie consacrée

La Formation dans les instituts religieux, Directives de la Congrégation pour les instituts de vie consacrée et les sociétés de vie apostolique.

Congrégation pour le clergé

Directoire général pour la catéchèse, avant-propos de Mgr Gérard Defois, 1997.

Congrégation pour l'éducation catholique, congrégation pour le clergé

Les Diacres permanents. Directoire pour le ministère et la vie. Normes fondamentales pour la formation, préface par Mgr Hippolyte Simon, 1998.

Conseils pontificaux

Les Réfugiés : un défi à la solidarité, introduction par Catherine Wihtol De Wenden, 1992.

Conseil pontifical pour la promotion de l'unité des chrétiens, Directoire pour l'application des principes et des normes sur l'œcuménisme, introduction et applications à la situation française par la Commission épiscopale pour l'unité des chrétiens.

Évolutions démographiques. Dimensions éthiques et pastorales, présentation par le père Ph. Laurent.

Conseil pontifical pour la famille. Vérité et signification de la sexualité humaine. Ses orientations pour l'éducation en famille. *Suivi de :* **Charte des droits de la famille,** présentation par Xavier Lacroix.

La Faim dans le monde. Un défi pour tous : le développement solidaire, présenté par le Secrétaire d'État Cardinal Angelo Sodano. Introduction par Pierre de Charentenay.

Instruction sur quelques questions concernant la collaboration des fidèles laïcs au ministère des prêtres, présenté par Mgr Xavier Bodin, 1998.

Dignité et mission des personnes âgées dans l'Église et dans le monde, présenté par Mgr Yvon Bodin, 1999.

CONFÉRENCES ÉPISCOPALES

Conférences des évêques de France

Catéchisme pour adultes, préface de Mgr Joseph Duval, 1991.

Catéchisme de l'Église catholique, édition définitive avec guide de lecture, 1998.

Les Ministres ordonnés dans une Église-communion, 1993.

Proposer la foi dans la société actuelle, I., rapport présenté par Mgr Claude Dagens à l'assemblée plénière de Lourdes, 1994.

Proposer la foi dans la société actuelle, II. Vers une nouvelle étape, deuxième rapport présenté par Mgr Claude Dagens à l'assemblée plénière de Lourdes, 1995.

Proposer la foi dans la société actuelle, III. Lettre aux catholiques de France, rapport présenté par Mgr Claude Dagens à l'assemblée plénière de Lourdes, préface de Mgr Louis-Marie Billé, 1996.

XIIes Journées mondiales de la Jeunesse, Paris 19-24 août 1997, présentation par Mgr Louis-Marie Billé, 1997.

La Formation des futurs prêtres, préface de Mgr Émile Marcus, 1998.

Chercheurs du Christ, Lourdes 1999, présentation par Mgr Bernard Lagoutte, 1999.

L'Apostolat des laïcs. La libre association des fidèles en vue de l'apostolat. Orientations pastorales, 2000.

Le Diaconat permanent, présentation par Mgr Hippolyte Simon, 2000.

Commission sociale de l'épiscopat français

Drogues, Église et société, 1997.

Le Discours social de l'Église catholique de France, textes majeurs de l'épiscopat français rassemblés et présentés par Denis Maugenest.

L'Église catholique en France 1999, annuaire.

Un rendez-vous pour la foi, Lourdes 1997, 1998.

Essor de la génétique et dignité humaine, présentation par P. Vespieren, 1998.

Problèmes d'alcool, Église et société. Médecins, soignants, institutions, hommes politiques, experts, parents, personnes malades s'expriment, 1999.

Réhabiliter la politique, déclaration de la Commission sociale, 1999.

Le Respect de la création, 1999.

Comité épiscopal français pour les relations avec le judaïsme

Lire l'Ancien Testament, contribution à une lecture catholique de l'Ancien Testament pour permettre le dialogue entre juifs et chrétiens. Présentation par Mgr Gaston Poulain et Père Jean Dujardin, 1997.

Justice et Paix - France

Maîtriser la mondialisation, avant-propos de Mgr Delaporte, 1999.

Conférence épiscopale allemande

Catéchisme pour adultes, I. La foi de l'Église, 1987, **II. Vivre de la foi**, 1997.

Conférences des évêques d'Amérique latine

L'Église dans la transformation actuelle de l'Amérique latine à la lumière du concile Vatican II, Conclusions de Medellin 1968. Préface par Mgr Le Bourgeois, introduction et traduction par Charles Antoine.

Nouvelle évangélisation, promotion humaine, culture chrétienne, Conclusions de Saint-Domingue, IVe Conférence générale de l'épiscopat latino-américain. Préface par Jean-Yves Calvez, traduction par Maine et Michèle Jarton.

Essor de la génétique et dignité humaine, Déclaration du Conseil permanent de la Conférence des évêques de France introduite par Mgr Louis-Marie Billé et présenté par Patrick Vespieren, s.j.

Conférences des évêques d'Europe

Les Évêques d'Europe et la nouvelle évangélisation, Conseil des conférences épiscopales d'Europe. Documents rassemblés et présentés par Hervé Legrand. Préface du cardinal Carlo Maria Martini.

Union des supérieurs majeurs

Proposer la vie consacrée dans la société actuelle, 1998.

ŒCUMÉNISME

Les Anathèmes du XVIe siècle sont-ils encore actuels ? Propositions soumises aux Églises, sous la direction de Karl Lehmann et Wolfhart Pannenberg ; présenté par Joseph Hoffmann et Harding Meyer, 1989.

Comité mixte catholique-orthodoxe en France

La Doctrine de la justification, Déclaration commune de la Fédération luthérienne mondiale et de l'Église catholique romaine. Préface par Mgr Jean Vilnet et Marc Lienhard, 1999.

La Primauté romaine dans la Communion des Églises, présenté par le métropolite Jérémie et Mgr André Quelen, 1991.

Comité mixte catholique-protestant en France

Choix éthiques et communion ecclésiale, préface par le pasteur Michel Leplay et Mgr Jean Vilnet, 1992.

Commission anglico-catholique romaine

Jalons pour l'unité : rapport final, Windsor, sept. 1981, 1982.

Commission mixte catholique romaine-évangélique luthérienne

Face à l'unité : l'ensemble des textes adoptés, édité par Hervé Legrand et Harding Meyer, 1986.

Comité mixte baptiste-catholique en France

Rendre témoignage au Christ, présenté par le pasteur Robert Somerville et Mgr Georges Soubrier, 1992.

Comité mixte catholique-luthéro-réformé

Église et laïcité en France. Études et propositions œcuméniques, préface par Mgr Daucourt et le pasteur Manoël, 1998.

Conférence des églises européennes
Conseil des conférences épiscopales européennes

Les Évêques d'Europe et la Nouvelle Évangélisation, introduction par Hervé Legrand, préface du cardinal Martini, 1991.

Les Églises d'Europe. L'engagement œcuménique, Conseil des Conférences épiscopales d'Europe et Conférence des Églises européennes. Document des rencontres œcuméniques européennes (1978-1991) rassemblés et présentés par Helmut Steindl. Préface par le cardinal Carlo Maria Martini.

Justice et paix pour la création entière : document final du rassemblement œcuménique européen « Paix et justice », 1989.

Rassemblement œcuménique européen de Bâle Justice et paix pour la création entière : intégralité des textes, 1989.

Les Églises devant le judaïsme, textes rassemblés et traduits par Marie-Thérèse Hoch et Bernard Dupuy, 1980.

Conseil œcuménique des Églises

Confesser la foi commune, Explication œcuménique de la foi apostolique telle qu'elle est professée dans le symbole de Nicée-Constantinople (381), 1993.

Baptême, eucharistie, ministère (1982-1990), Rapport sur le processus « BEM » et les réactions des Églises, 1993.

Église et monde, L'unité de l'Église et le renouveau de la communauté humaine, 1993.

Église catholique romaine
Fédération luthérienne mondiale

La Doctrine de la justification. Déclaration commune, préface par Mgr Joseph Doré et Marc Lienhard, 1999.

DIVERS

Nouveaux jalons pour l'Unité, Jacques-Élisée Desseaux.

Orientations pour un dialogue entre chrétiens et musulmans, Maurice Borrmans.

Les Églises devant le judaïsme, Bernard Dupuy, Marie-Thérèse Hoch.

Les Églises contre la bombe ? Les Églises chrétiennes et les armements nucléaires, documents présentés par Bernard Quelquejeu et François Vaillant (Documents, Recherches morales).

Petite introduction au « catéchisme de l'Église catholique », cardinal Joseph Ratzinger, Mgr Christoph Schönborn.

Anglicans et catholiques. La quête de l'unité, Commission anglicane-catholique. Préface par Damien Sicard. Textes édités sous la direction de Christopher Hill et Edward Yarnold. Traduit par Suzanne Martineau.

Anglicans et catholiques. Approches de l'unité, Commission internationale anglicane-catholique. Présentation par Mgr Gérard Daucourt. Commentaires par Mgrs Cormac Murphy O'Connor et Marc Santer. Traduit par Suzanne Martineau.

HORS COLLECTION

Manifeste pour une éthique planétaire. La déclaration du Parlement des religions du monde, éditée et commentée par Hans Küng et Karl-Joseph Kuschel, traduction de l'allemand par E. Booné.

Accords et dialogues œcuméniques bilatéraux et multilatéraux, Textes édités par André Birmelé et Jacques Terme. Préface de Michel Bertrand. Chez les Bergers et les Mages, 47, rue de Clichy, 75009 Paris.

Achevé d'imprimer en septembre 2000
dans les ateliers de Normandie Roto Impression s.a.
à Lonrai (61250)
N° d'impression : 002266
N° d'édition : 11453
Dépôt légal : septembre 2000

Imprimé en France